EXPOSÉ SUCCINCT

De la Contestation qui s'est élevée

ENTRE M. HUME,

Et M. J. J. ROUSSEAU;

Avec les Piéces justificatives;

Auquel on a joint

LE DOCTEUR PANSOPHE,

OU

LETTRES DE M. DE VOLTAIRE.

A LONDRES.

M. DCC. LXVI.

AVERTISSEMENT
DES ÉDITEURS.

LE nom & les Ouvrages de M. Hume ſont connus depuis long-tems de toute l'Europe : ceux qui connoiſſent ſa perſonne, ont vu en lui des mœurs douces & ſimples, beaucoup de droiture, de candeur & de bonté ; & la modération de ſon caractere ſe peint dans ſes Ecrits.

Il a employé les grands talens qu'il a reçus de la nature & les lumieres qu'il a acquiſes par l'étude, à chercher la vérité & à inſpirer l'amour des hommes : jamais il n'a prodigué ſon tems & compromis ſon repos dans aucune querelle, ni littéraire ni perſonnelle. Il a vu cent fois ſes Ecrits cenſurés avec amertume par le Fanatiſme, l'ignorance & l'eſprit de parti, ſans avoir jamais répondu à un ſeul de ſes adverſaires.

Ceux même qui ont attaqué ſes Ouvrages avec le plus de violence ont toujours reſpecté ſon caractere. Son amour pour la paix eſt ſi connu, qu'on lui a plus d'une fois apporté des critiques faites contre lui-même, pour le prier de les revoir & de les corriger. On lui remit un jour une critique de ce genre, où il étoit traité d'une maniere fort dure, & même injurieuſe: il le fit remarquer à l'Auteur qui effaça les injures en rougiſſant & en admirant la force de *l'eſprit polémique* qui l'avoit ainſi emporté, ſans qu'il s'en apperçût, au-delà des bornes de l'honnêteté.

Avec des diſpoſitions ſi pacifiques, ce n'eſt qu'avec une extrême répugnance que M. Hume a pu conſentir à laiſſer paroître l'Ecrit qu'on va lire. Il ſçait que les querelles de gens de Lettres ſont le ſcandale de la Philoſophie, & perſonne n'étoit moins fait que lui pour donner un pareil ſcandale, ſi conſolant pour les ſots; mais les circonſtances l'ont entrainé malgré lui à cet éclat fâcheux.

Tout le monde ſait que M. Rouſſeau, proſcrit de tous les lieux qu'il avoit habités, s'étoit enfin déterminé à ſe réfugier en Angleterre, & que M. Hume, touché de ſa ſituation & de ſes malheurs, s'étoit chargé de l'y conduire, & étoit parvenu à lui procurer un aſyle ſûr, commode & tranquille. Mais peu de gens ſavent combien de chaleur, d'activité, de délicateſſe même M. Hume à mis dans cet Acte de bienfaiſance; quel tendre attachement il avoit pris pour ce nouvel Ami, que l'humanité lui avoit donné; avec quelle adreſſe il cherchoit à prévenir ſes beſoins, ſans bleſſer ſon amour propre; avec quel zele enfin il s'occupoit à juſtifier aux yeux des autres les ſingularités de M. Rouſſeau, & à défendre ſon caractere contre ceux qui n'en jugeoient pas auſſi favorablement que lui.

Dans le tems même que M. Hume travailloit à rendre à M. Rouſſeau le ſervice le plus eſſentiel, il reçut de lui la Lettre la plus outrageante. Plus le coup étoit inattendu, plus il devoit être ſenſible. M. Hume écrivit cette aventure à quelques-uns de ſes Amis à Paris; & il s'exprima dans ſes lettres avec toute l'indignation que lui inſpiroit un ſi étrange procédé. Il ſe crut diſpenſé d'avoir aucun ménagement pour un homme, qui après avoir reçu de lui les marques d'amitié les plus conſtantes & les moins équivoques, l'appelloit, ſans motifs, faux, traître & le plus méchant des hommes.

Cependant le démêlé de ces deux hommes célébres ne tarda pas à éclater. Les plaintes de M. Hume parvinrent bientôt à la connoissance du Public, qui eût d'abord de la peine à croire que M. Rousseau fût coupable de l'excès d'ingratitude dont on l'accusoit. Les amis même de M. Hume craignirent que dans un premier moment de sensibilité, il ne se fût laissé emporter trop loin, & qu'il n'eût pris pour les défauts du cœur les délires de l'imagination, ou les travers de l'esprit. Il crut devoir éclaircir cette affaire, en écrivant un précis de tout ce qui s'étoit passé entre lui & M. Rousseau, depuis leur liaison jusqu'à leur rupture. Il envoya cet Ecrit à ses Amis; quelques-uns lui conseillerent de le faire imprimer, en lui disant que ses accusations contre M. Rousseau étant devenues publiques, les preuves devoient l'être aussi. M. Hume ne se rendit pas à ces raisons, & aima mieux courir le risque d'un jugement injuste, que de se résoudre à un éclat si contraire à son caractere; mais un nouvel incident a vaincu sa résistance.

M. Rousseau a adressé à un Libraire de Paris une Lettre, où il accuse sans détour M. Hume de s'être ligué avec ses ennemis pour le trahir & le diffamer, & où il le défie hautement de faire imprimer les Pieces qu'il a entre les mains. Cette Lettre a été communiquée, à Paris, à un très-grand nombre de personnes; elle a été traduite en Anglois, & la traduction est imprimée dans les Papiers de Londres. Une accusation & un défi si publics ne pouvoient rester sans réponse; & un plus long silence de la part de M. Hume auroit été interprété d'une maniere peu favorable pour lui.

D'ailleurs, la nouvelle de ce démêlé s'est répandue dans toute l'Europe, & l'on en a porté des jugemens fort divers. Il seroit plus heureux sans doute que toute cette affaire eût été ensevelie dans un profond secret; mais puisqu'on n'a pu empêcher le Public de s'en occuper, il faut du moins qu'il ſache à quoi s'en tenir. Les Amis de M. Hume ſe ſont réunis pour lui repréſenter toutes ſes raiſons. Il a ſenti la néceſſité d'en venir à une extrémité qu'il redoutoit ſi fort, & a conſenti à laiſſer imprimer ſon Mémoire. C'eſt l'Ouvrage que nous donnons ici. Le Récit & les Notes ſont traduits de l'Anglois. Les Lettres de M. Rouſſeau, qui ſervent de piece juſtificatives aux faits, ſont des copies exactes des originaux.

Cette brochure offrira des traits de biſarerie aſſez étranges à ceux qui prendront la peine de la lire; mais ceux qui ne s'en ſoucieront pas feront encore mieux; tant ce qu'elle renferme importe peu à ceux qui n'y ſont pas intéreſſés.

Au reſte, M. Hume en livrant au Public les pieces de ſon procès, nous a autoriſés à déclarer qu'il ne reprendra jamais la plume ſur ce ſujet. M. Rouſſeau peut revenir à la charge ; il peut produire des ſuppoſitions, des interprétations, des inductions, des déclamations nouvelles; il peut créer & réaliſer de nouveaux phantômes & envelopper tout cela des nuages de ſa Rhétorique, il ne ſera plus contredit. Tous les faits ſont actuellement ſous les yeux du Public. M. Hume abandonne ſa cauſe au jugement des eſprits droits & des cœurs honnêtes.

MA liaiſon avec M. Rouſſeau commença en 1762, lorſqu'il fut décreté de priſe de corps, à l'occaſion de ſon *Émile*, par un Arrêt du Parlement de Paris. J'étois alors à Édimbourg. Une perſonne de mérite m'écrivit de Paris que M. Rouſſeau avoit le deſſein de paſſer en Anglettre pour y chercher un aſyle & me demanda mes bons offices pour lui. Comme je ſuppoſai que M. Rouſſeau avoit exécuté cette réſolution, j'écrivis à pluſieurs de mes amis à Londres, pour leur recommander ce célébre Exilé, & je lui écrivis à lui-même pour l'aſſurer de mon zele & de mon empreſſement à le ſervir. Je l'invitois en même tems à venir à Édimbourg, ſi ce ſéjour pouvoit lui convenir, & je lui offrois une retraite dans ma maiſon pour tout le tems qu'il daigneroit la partager avec moi. Je n'avois pas beſoin d'autre motif pour être excité à cet acte d'humanité, que l'idée que m'avoit donnée du caractere de M. Rouſſeau la perſonne qui me l'avoit recommandé, & la célébrité de ſon génie, de ſes talens, & ſurtout de ſes malheurs, dont la cauſe même étoit une raiſon de plus pour s'intéresser à lui. Voici la Réponse que je reçus,

M. ROUSSEAU A M. HUME.

De Motiers-Travers, le 19 Février 1763.

« Je n'ai reçu qu'ici, Monsieur, & „ depuis peu, la Lettre dont vous m'ho- „ noriez à Londres, le 2 Juillet dernier, „ supposant que j'étois dans cette Ca- „ pitale. C'étoit sans doute dans votre „ Nation, & le plus près de vous qu'il „ m'eût été possible, que j'aurois cher- „ ché ma retraite, si j'avois prévu l'ac- „ cueil qui m'attendoit dans ma Patrie. „ Il n'y avoit qu'elle que je pusse pré- „ férer à l'Angleterre, & cette préven- „ tion, dont j'ai été trop puni, m'étoit „ alors bien pardonnable; mais, à mon „ grand étonnement, & même à celui „ du Public, je n'ai trouvé que des af- „ fronts & des outrages où j'espérois, „ sinon de la reconnoissance, au moins „ des consolations. Que de choses m'ont „ fait regretter l'asyle & l'hospitalité „ philosophique qui m'attendoient près „ de vous! Toutefois mes malheurs „ m'en ont toujours rapproché en quel- „ que maniere. La protection & les „ bontés de Mylord Mareschal, votre „ illustre & digne compatriote, m'ont „ fait trouver, pour ainsi dire, l'Écosse

„ au milieu de la Suiſſe ; il vous a ren-
„ du préſent à nos entretiens ; il m'a fait
„ faire avec vos vertus la connoiſſance
„ que j'en avois faite encore qu'avec vos
„ talens ; il m'a inſpiré la plus tendre
„ amitié pour vous & le plus ardent de-
„ ſir d'obtenir la votre, avant que je
„ ſuſſe que vous étiez diſpoſé à me l'ac-
„ corder. Jugez, quand je trouve ce
„ penchant réciproque, combien j'au-
„ rois de plaiſir à m'y livrer ! Non, Mon-
„ ſieur, je ne vous rendois que la moi-
„ tié de ce qui vous étoit dû quand je
„ n'avois pour vous que de l'admira-
„ tion. Vos grandes vues, votre éton-
„ nante impartialité, votre génie, vous
„ élevroient trop au-deſſus des hommes
„ ſi votre bon cœur ne vous en rappro-
„ choit. Mylord Mareſchal, en m'ap-
„ prenant à vous voir encore plus aima-
„ ble que ſublime, me rend tous les jours
„ votre commerce plus deſirable &
„ nourrit en moi l'empreſſement qu'il
„ m'a fait naître de finir mes jours près
„ de vous. Monſieur, qu'une meilleure
„ ſanté, qu'une ſituation plus commo-
„ de ne me met-elle à portée de faire ce
„ voyage comme je le deſirerois ! Que
„ ne puis-je eſpérer de nous voir un
„ jour raſſemblés avec Mylord dans

„ votre commune Patrie, qui deviendroit la mienne! Je bénirois dans une société si douce les malheurs par lesquels j'y fus conduit, & je croirois n'avoir commencé de vivre que du jour qu'elle auroit commencé. Puissé-je voir cet heureux jour plus desiré qu'espéré! Avec quel transport je m'écrirois en touchant l'heureuse terre où sont nés David Hume & le Mareschal d'Écosse :

Salve, fatis mihi debita tellus!
Hæc domus, hæc patria est.

J. J. R.

Ce n'est point par vanité que je publie cette Lettre; car je vais bientôt mettre au jour une rétractation de tous ces éloges; c'est seulement pour completter la suite de notre correspondance & pour faire voir qu'il y a longtemps que j'ai été disposé à rendre service à M. Rousseau.

Notre commerce avoit entierement cessé jusqu'au milieu de l'été dernier, [1765] lorsque la circonstance suivante le renouvella. Une personne qui s'intéresse à M. Rousseau, étant allée faire un voyage dans une des Provinces de France qui avoisinent la Suisse, profita de cette occasion pour rendre visite au Philosophe solitaire, dans sa retraité à Motiers-Travers. Il dit à cette personne que le séjour de Neuchâtel lui devenoit très-désagréable, tant par la superstition du Peuple que par la rage dont les Prêtres étoient animés contre lui; qu'il craignoit d'être bientôt dans la nécessité d'aller chercher un asyle allieurs, & que dans ce cas l'Angleterre lui paroissoit, par la nature de ses Loix & de son Gouvernement, le seul endroit où il pût trouver une retraite assurée : il ajouta que Mylord Mareschal, son ancien Protecteur, lui avoit conseillé de se mettre sous ma *protection* [c'est le terme dont il voulu bien se servir]; & qu'en conséquence il étoit disposé à s'adresser à moi, s'il croyoit que cela ne me donneroit pas trop d'embarras.

J'étois alors chargé des Affaires d'Angleterre à la Cour de France; mais comme j'avois la perspective de retourner bientôt à Londres, je ne rejettai point une proposition qui m'étoit faite dans de semblables circonstances par un homme que son génie & ses malheurs avoient rendu célebre. Dès que je fus informé de la situation & des intentions de M. Rousseau, je lui écrivis pour lui offrir mes ſervices, & il me fit la Réponſe ſuivante.

Mr ROUSSEAU A M. HUME.

A Strasbourg, le 4 Décembre 1765.

» VOS bontés, Monſieur, me pé-
» netrent autant qu'elles m'honorent.
„ La plus digne Réponſe que je puiſſe
„ faire à vos offres, eſt de les accep-
„ ter, & je les accepte. Je partirai
„ dans cinq ou ſix jours pour aller me
„ jetter entre vos bras. C'eſt le conſeil
„ de Mylord Mareſchal, mon Protec-
„ teur, mon ami, mon pere ; c'eſt ce-
„ lui de Madame de ***, (*a*) dont la
„ bienveillance éclairée me guide autant
„ qu'elle me conſole ; enfin, j'oſe dire
„ que c'eſt celui de mon cœur qui ſe
„ plaît à devoir beaucoup au plus il-
„ luſtre de mes Contemporains, dont
„ la bonté ſurpaſſe la gloire. Je ſoupire
„ après une retraite ſolitaire & libre
„ où je puiſſe finir mes jours en paix.
„ Si vos ſoins bienfaiſans me la procu-
„ rent, je jouirai tout enſemble & du
„ ſeul bien que mon cœur déſire, &

(*a*) La perſonne que M. Rouſſeau nomme ici a exigé qu'on ſupprimât ſon nom. *Notes des Editeurs.*

„ du plaiſir de le tenir de vous. Je vous
„ ſalue, Monſieur, de tout mon cœur. »

J. J. R.

Je n'avois pas attendu ce moment pour m'occuper des moyens d'être utile à M. Rouſſeau. M. Clairaut, quelques ſemaines avant ſa mort, m'avoit communiqué la Lettre ſuivante.

M. ROUSSEAU A M. CLAIREAUT.

De Motiers-Travers, le 3 Mars 1765.

» LE ſouvenir, Monſieur, de vos
„ anciennes bontés pour moi vous cau-
„ ſe une nouvelle importunité de ma
„ part. Il s'agiroit de vouloir bien être,
„ pour la ſeconde fois, Cenſeur d'un
„ de mes Ouvrages. C'eſt une très-
„ mauvaiſe rapſodie que j'ai compilée
„ il y a pluſieurs années, ſous le nom
„ de *Dictionnaire de Muſique*, & que
„ je ſuis forcé de donner aujourd'hui
„ pour avoir du pain. Dans le torrent
„ des malheurs qui m'entraîne, je ſuis
„ hors d'état de revoir ce Recueil. Je
„ ſais qu'il eſt plein d'erreurs & de
„ bevues. Si quelqu'intérêt pour le ſort
„ du plus malheureux des hommes vous
„ portoit à voir ſon Ouvrage avec un
„ peu plus d'attention que celui d'un
„ autre, je vous ſerois ſenſiblement
„ obligé de toutes les fautes que vous

„ voudriez bien corriger chemin faisant.
„ Les indiquer sans les corriger ne se-
„ roit rien faire, car je suis absolument
„ hors d'état d'y donner la moindre at-
„ tention, & si vous dignez en user
„ comme de votre bien, pour changer,
„ ajouter, ou retrancher, vous exer-
„ cerez une charité très-utile & dont
„ je serai très-reconnoissant. Recevez,
„ Monsieur, mes très-humbles excuses
„ & mes salutations. »

J. J. R.

Je le dis avec regret, mais je suis forcé de le dire : je sais aujourd'hui avec certitude que cette affectation de misere & de pauvreté extrême, n'est qu'une petite charlatanerie que M. Rousseau emploie avec succès pour se rendre plus intéressant & exciter la commisération du Public ; mais j'étois bien loin de soupçonner alors un semblable artifice. Je sentis s'élever dans mon cœur un mouvement de pitié, mêlé d'indignation, en imaginant qu'un homme de Lettres, d'un mérite si éminent, étoit réduit, malgré la simplicité de sa maniere de vivre, aux dernieres extrémités de l'indigence, & que cet état malheureux étoit encore agravé par la maladie, par l'approche de la vieillesse & par la rage implacable des dévots persécuteurs

Je savois que plusieurs personnes attribuoient l'état fâcheux où se trouvoit M. Rousseau, à son orgueil extrême qui lui avoit fait refuser les secours de ses amis; mais je crus que ce défaut, si c'en étoit un, étoit un défaut respectable. Trop de gens de Lettres ont avili leur caractere en s'abaissant à solliciter les secours d'hommes riches ou puissans, indignes de les protéger; & je croyois qu'un noble orgueil, quoique porté à l'excès, méritoit de l'indulgence dans un homme de génie qui, soutenu par le sentiment de sa propre supériorité & par l'amour de l'indépendance, bravoit les outrages de la fortune & l'insolence des hommes. Je me proposai donc de servir M. Rousseau à sa maniere. Je priai M. Clairaut de me donner sa lettre, & je la fits voir à plusieurs des amis & des Protecteurs que M. Rousseau avoit à Paris. Je leur proposai un arrangement par lequel on pouvoit procurer des secours à M. Rousseau sans qu'il s'en doutât. C'étoit d'engager le Libraire qui se chargeroit de son *Dictionnaire de Musique* à lui en donner une somme plus considérable que celle qu'il en auroit offerte de lui-même, & de rembourser cet excédent au Libraire. Mais ce projet, pour l'exécution duquel les soins de M. Clairaut étoient nécessaires, échoua par la mort inopinée de ce profond & estimable savant.

Comme je conservois toujours la même idée de l'extrême pauvreté de M. Rousseau, je conservai aussi la même disposition à l'obliger, &, dès que je fus assuré de l'intention où il étoit de passer en Angleterre sous ma conduite, je formai le plan d'un artifice à peu près semblable à celui que je n'avois pu exécuter à Paris. J'écrivis sur le champ à mon ami, M. Jean Stewart, de Bukingham, street, que j'avois une affaire à lui communiquer, d'une nature si secrette & si délicate que je n'osois même la confier au papier, mais qu'il en apprendroit les détails de M. Elliot (aujourd'hui le Chevalier Gilbert Elliot) qui devoit bientôt retourner de Paris à Londres.

Voici ce plan, que M. Elliot communique en effet quelque tems après à M. Stewart, en lui recommandant le plus grand secret. M. Stewart devoit chercher dans le voisinage de sa maison de Campagne quelque Fermier honnête & discret qui voulût se charger de loger & nourrir M. Rousseau & sa Gouvernante, & leur fournir abondamment toutes les commodités dont ils auroient besoin, moyennant une pension, que M. Stewart pouvoit porter jusqu'à cinquante ou soixante livres * sterlings par an; mais le Fermier devoit s'engager à garder exactement le secret & à ne recevoir de M. Rousseau que vingt ou vingt-cinq livres sterlings par an, & je lui aurois tenu compte du surplus.

M. Stewart m'écrivit bientôt après qu'il avoit trouvé une habitation qu'il croyoit convenable; je le priai de faire meubler l'appartement, à mes frais, d'une maniere propre & commode. Ce plan, dans lequel il n'entroit assurément aucun motif de vanité, puisque le secret en faisoit une condition nécessaire, n'eut pas lieu, parce qu'il se présenta d'autres arrangemens plus commodes & plus agréables. Tout ce fait est bien connu de M. Stewart & du Chevalier Gilbert Elliot.

Il ne sera peut-être pas hors de propos de parler ici d'un autre arrangement que j'avois concerté dans les mêmes intentions. J'avois accompagné M. Rousseau à une campagne très-agréable, dans le Comté de Surrey, où nous passames

* La livre sterling vaut environ 22 liv. 10 s. de notre monnoie.

deux jours chez le Colonel Webb. M. Rousseau me parut épris des beautés naturelles & solitaires de cet endroit. Aussi-tôt, par l'entremise de M. Stewart, j'entrai en marché avec le Colonel Webb, pour acheter sa maison avec un petit bien qui y appartenoit, afin d'en faire un établissement pour M. Rousseau. Si, après ce qui s'est passé, il y avoit de la sûreté à citer le témoignage de M. Rousseau sur quelque fait, j'en appellerois à lui-même pour la vérité de ceux que j'avance. Quoiqu'il en soit, ils sont connus de M. Stewart, du Général Clarke & en partie du Colonel Webb.

Je vais reprendre mon récit où je l'ai interrompu. M. Rousseau vint à Paris, muni d'un passeport que ses amis avoient obtenu. Je le conduisis en Angleterre. Pendant plus de deux mois, j'employai tous mes soins & ceux de mes amis pour trouver quelqu'arrangement qui pût lui convenir. On se prêtoit à tous ses caprices; on excusoit toutes ses singularités; on satisfaisoit toutes ses fantaisies; on n'épargna enfin ni temps ni complaisance pour lui procurer ce qu'il désiroit; &, quoique plusieurs des projets que j'avois formés pour son établissement eussent été réjettés, je me trouvois assez récompensé de mes peines par la reconnoissance & la tendresse même dont il paroissoit recevoir mon zéle & mes bons offices.

Enfin on lui proposa l'arrangement auquel il est aujourd'hui fixé. M. Davenport, Gentilhomme distingué par sa naissance, sa fortune & son mérite, lui a offert une maison, appellée Wootton, qu'il a dans le Comté de Derby, & qu'il habite rarement; & M. Rousseau lui paye pour lui & pour sa Gouvernante une modique pension.

Dès que M. Rousseau fut arrivé à Wootton, il m'écrivit la Lettre suivante.

M. Rousseau a M. Hume.

A Wootton, le 22 Mars 1766.

« Vous voyez déjà, mon cher Pa-
„ tron, par la date de ma Lettre, que je
„ suis arrivé au lieu de ma destination.
„ Mais vous ne pouvez voir tous les
„ charmes que j'y trouve; il faudroit
„ connoître le lieu & lire dans mon
„ cœur. Vous y devez lire au moins
„ les sentimens qui vous regardent &
„ que vous avez si bien mérités. Si je
„ vis dans cet agréable asyle aussi heu-
„ reux que je l'espere, une des douceurs
„ de ma vie sera de penser que je vous
„ les dois. Faire un homme heureux

„ c'eſt mériter de l'être. Puiſſiez-vous
„ trouvér en vous-même le prix de tout
„ ce que vous avez fait pour moi ! Seul,
„ j'aurois pu trouver de l'hoſpitalité,
„ peut-être ; mais je ne l'aurois jamais
„ auſſi bien goûtée qu'en la tenant de
„ votre amitié. Conſervez-la-moi tou-
„ jours, mon cher Patron, aimez-moi
„ pour moi qui vous dois tant ; pour
„ vous-même ; aimez-moi pour le bien
„ que vous m'avez fait. Je ſens tout le
„ prix de votre ſincere amitié ; je la
„ déſire ardemment ; j'y veux répondre
„ par toute la mienne, & je ſens dans
„ mon cœur de quoi vous convaincre
„ un jour qu'elle n'eſt pas non plus ſans
„ quelque prix. Comme, pour des rai-
„ ſons dont nous avons parlé, je ne
„ veux rien recevoir par la poſte, je
„ vous prie, lorſque vous ferez la bonne
„ œuvre de m'écrire, de remettre votre
„ Lettre à M. Davenport. L'affaire de
„ ma voiture n'eſt pas arrangée, parce
„ que je ſais qu'on m'en a impoſé : c'eſt
„ une petite faute qui peut n'être que
„ l'ouvrage d'une vanité obligeante,
„ quand elle ne revient pas deux fois.
„ Si vous y avez trempé, je vous con-
„ ſeille de quitter une fois pour toutes
„ ces petites ruſes qui ne peuvent avoir
„ un

„ un bon principe quand elles ſe tour-
„ nent en piéges contre la ſimplicité.
„ Je vous embraſſe, mon cher Patron,
„ avec le même cœur que j'eſpere &
„ déſire trouver en vous. »

J. J. R.

Peu de jours après, je reçus de lui une autre Lettre dont voici la Copie.

M. ROUSSEAU A M. HUME.

A Wootton, le 29 Mars 1766.

« VOUS avez vu, mon cher Patron,
„ par la Lettre que M. Davenport a dû
„ vous remettre, combien je me trouve
„ ici placé ſelon mon goût. J'y ſerois
„ peut-être plus à mon aiſe ſi l'on y
„ avoit pour moi moins d'attentions;
„ mais les ſoins d'un ſi galant homme
„ ſont trop obligeans pour s'en fâ-
„ cher; &, comme tout eſt mêlé d'in-
„ convéniens dans la vie, celui d'être
„ trop bien eſt un de ceux qui ſe tole-
„ rent le plus aiſément. J'en trouve un
„ plus grand à ne pouvoir me faire
„ bien entendre des Domeſtiques,
„ ni ſur-tout entendre un mot de ce
„ qu'ils me diſent. Heureuſement Ma-
„ demoiſelle le Vaſſeur me ſert d'inter-
„ prete, & ſes doigts parlent mieux
„ que ma langue. Je trouve même à
„ mon ignorance un avantage qui pour-

„ ra faire compenſation, c'eſt d'écarter
„ les oiſifs en les ennuyant. J'ai eu hier
„ la viſite de M. le Miniſtre qui, voyant
„ que je ne lui parlois que François,
„ n'a pas voulu me parler Anglois,
„ de ſorte que l'entrevue s'eſt paſſée à
„ peu près ſans mot dire. J'ai pris goût
„ à l'expédient ; je m'en ſervirai avec
„ tous mes voiſins, ſi j'en ai, & duſſé-je
„ apprendre l'Anglois, je ne leur par-
„ lerai que François, ſur-tout ſi j'ai le
„ bonheur qu'ils n'en ſachent pas un
„ mot. C'eſt à peu près la ruſe des
„ ſinges qui, diſent les Négres, ne
„ veulent pas parler quoiqu'ils le puiſ-
„ ſent, de peur qu'on ne les faſſe tra-
„ vailler.

„ Il n'eſt point vrai du tout que je
„ ſois convenu avec M. Goſſet de rece-
„ voir un modele en préſent. Au con-
„ traire, je lui en demandai le prix, qu'il
„ me dit être d'une guinée & demie,
„ ajoutant qu'il m'en vouloit faire la
„ galanterie, ce que je n'ai point ac-
„ cepté. Je vous prie donc de vouloir
„ bien lui payer le modele en queſtion,
„ dont M. Davenport aura la bonté de
„ vous rembourſer. S'il n'y conſent pas,
„ il faut le lui rendre & le faire acheter
„ par une autre main. Il eſt deſtiné

„ pour M. du Peyrou qui depuis long-
„ temps désire avoir mon portrait &
„ en a fait faire un en mignature qui
„ n'est point du tout ressemblant. Vous
„ êtes pourvu mieux que lui, mais je
„ suis fâché que vous m'ayez ôté par
„ une diligence aussi flatteuse le plaisir
„ de remplir le même devoir envers
„ vous. Ayez la bonté, mon cher Pa-
„ tron, de faire remettre ce modele à
„ MM. *Guinand & Hankey, Little-*
„ *St. Hellen's Bishopsgate-Street*, pour
„ l'envoyer à M. du Peyrou par la pre-
„ miere occasion sûre. Il gele ici depuis
„ que j'y suis : il a neigé tous les jours :
„ le vent coupe le visage ; malgré cela,
„ j'aimerois mieux habiter le trou d'un
„ des lapins de cette garenne que le
„ plus bel appartement de Londres.
„ Bon jour, mon cher Patron, je vous
„ embrasse de tout mon cœur. »

J. J. R.

Comme nous étions convenus, M. Rousseau & moi, de ne point nous gêner l'un l'autre par un commerce de Lettres suivi, nous n'avions plus d'autre objet de correspondance épistolaire que celui d'une pension qu'il s'agissoit de lui obtenir du Roi d'Angleterre. Voici le récit fidel & succinct de cette affaire.

Un ſoir que nous cauſions enſemble à Calais, où nous étions retenus par les vents contraires, je demandai à M. Rouſſeau s'il n'accepteroit pas une penſion du Roi d'Angleterre, au cas que Sa Majeſté voulût bien la lui accorder. Il me répondit que cela n'étoit pas ſans difficulté, mais qu'il s'en rapporteroit entierement à l'avis de Mylord Mareſchal. Encouragé par cette réponſe, je ne fus pas plutôt arrivé à Londres que je m'adreſſai pour cet objet aux Miniſtres du Roi, & particulierement au Général Conway, Secrétaire d'Etat, & au Général Grœme, Secrétaire & Chambellan de la Reine. Ils firent la demande de la penſion à Leurs Majeſtés qui y conſentirent avec bonté, à condition ſeulement que la choſe reſteroit ſecrette. Nous écrivîmes, M. Rouſſeau & moi, à Mylord Mareſchal, & M. Rouſſeau marqua dans ſa Lettre que le ſecret qu'on demandoit étoit pour lui une circonſtance très-agréable. Le conſentement de Mylord Mareſchal arriva, comme on ſe l'imagine bien; M. Rouſſeau partit peu de jours après pour Wootton, & cette affaire reſta quelque temps ſuſpendue, par un dérangement qui ſurvint dans la ſanté du Général Convay.

Cependant le temps que j'avois passé avec M. Rousseau m'avoit mis à portée de démêler son caractere ; je commençois à craindre que l'inquiétude d'esprit qui lui est naturelle ne l'empêchât de jouir du repos, auquel l'hospitalité & la sûreté qu'il trouvoit en Angleterre l'invitoient à se livrer : je voyois, avec une peine infinie, qu'il étoit né pour le tumulte & les orages, & que le dégoût qui suit la jouissance paisible de la solitude & de la tranquillité, le rendroit bientôt à charge à lui-même & à tout ce qui l'environnoit ; mais, éloigné du lieu qu'il habitoit de cent cinquante milles, & sans cesse occupé des moyens de lui rendre service, je ne m'attendois guères à être moi-même la victime de cette malheureuse disposition de caractere.

Il est nécessaire que je rappelle ici une Lettre qui avoit été écrite à Paris, l'hiver dernier, sous le nom supposé du Roi de Prusse. En voici la Copie.

» MON CHER JEAN-JACQUES,

» Vous avez renoncé à Geneve, votre Patrie. Vous vous êtes fait chasser „ de la Suisse, Pays tant vanté dans vos „ Ecrits ; la France vous a décrété ; venez donc chez moi. J'admire vos talens ; „ je m'amuse de vos rêveries qui (soit

„ dit en paſſant) vous occupent trop
„ & trop longtemps. Il faut à la fin être
„ ſage & heureux ; vous avez fait aſſez
„ parler de vous par des ſingularités
„ peu convenables à un véritable grand
„ homme : démontrez à vos ennemis
„ que vous pouvez avoir quelquefois
„ le ſens commun : cela les fâchera ſans
„ vous faire tort. Mes Etats vous of-
„ frent une retraite paiſible : je vous
„ veux du bien & je vous en ferai, ſi
„ vous le trouvez bon. Mais ſi vous
„ vous oſtinez à rejetter mon ſecours,
„ attendez-vous que je ne le dirai à per-
„ ſonne. Si vous perſiſtez à vous creu-
„ ſer l'eſprit pour trouver de nouveax
„ malheurs, choiſiſſez-les tels que vous
„ voudrez ; je ſuis Roi, je puis vous
„ en procurer au gré de vos ſouhaits,
„ &, ce qui ſûrement ne vous arrivera
„ pas vis-à-vis de vos ennemis, je ceſ-
„ ſerai de vous perſécuter, quand vous
„ ceſſerez de mettre votre gloire à
„ l'être. »

» Votre bon ami, FRÉDÉRIC. »

Cette Lettre avoit été compoſée par M. Horace Walpole, environ trois ſemaines avant mon départ de Paris ; mais quoique je logeaſſe dans le même Hôtel que M. Walpole & que nous nous viſſions très-ſouvent, cependant par attention pour moi, il avoit ſoigneuſement caché cette plaiſanterie jusqu'après mon départ. Alors il la montra à quelques amis; on en prit des copies, qui bientôt ſe multiplierent. Cette petite piece ſe répandit rapidement dans toute l'Europe, & elle étoit dans les mains de tout le monde, lorſque je la vis à Londres pour la premiere fois.

Tous ceux qui connoiſſent la liberté dont on jouit en Angleterre conviendront, je penſe, que toute l'autorité du Roi, des Lords, & des Communes, & toute la puiſſance Eccléſiaſtique, Civile & Militaire du Royaume ne pourroient empêcher qu'on n'y imprimât une plaiſanterie de ce genre. Auſſi ne fus-je pas étonné de la voir paroître dans le *St. James's Chronicle*; mais je le fus beaucoup de trouver quelques jours après, dans le même Papier, la Piece ſuivante.

M. ROUSSEAU A L'AUTEUR DU ST. JAMES'S CHRONICLE.

De Wootton, le 7 Avril 1766.

„ Vous avez manqué, Monſieur, au
„ reſpect que tout Particulier doit aux
„ Têtes Couronnées, en attribuant pu-
„ bliquement au Roi de Pruſſe une Let-
„ tre pleine d'extravagance & de mé-

„ chanceté, dont par cela seul vous de-
„ viez savoir qu'il ne pouvoit être l'Au-
„ teur. Vous avez même osé transcrire
„ sa signature, comme si vous l'aviez
„ vue écrite de sa main. Je vous ap-
„ prens, Monsieur, que cette Lettre a
„ été fabriquée à Paris, & ce qui navre
„ & déchire mon cœur, que l'imposteur
„ a des complices en Angleterre.

„ Vous devez au Roi de Prusse, à
„ la vérité, à moi, d'imprimer la Lettre
„ que je vous écris & que je signe, en
„ réparation d'une faute que vous vous
„ reprocheriez sans doute, si vous saviez
„ de quelles noirceurs vous vous ren-
„ dez l'instrument. Je vous fais, Mon-
„ sieur, mes sinceres salutations. »

J. J. R.

Je fus affligé de voir M. Rousseau montrer cet excès de sensibilité pour un incident aussi simple & aussi inévitable que la publication de la prétendue Lettre du Roi de Prusse ; mais je me serois cru capable moi-même de noirceur & de méchanceté, si j'avois imaginé que M. Rousseau me soupçonnoit d'être l'Editeur de cette plaisanterie, & que c'étoit contre moi qu'il se disposoit à tourner toute sa fureur. C'est cependant ce qu'il m'a appris depuis. Il est bon de remarquer que huit jours auparavant il m'avoit écrit la Lettre la plus affectueuse * : c'est celle du 29 Mars. J'étois assurément le dernier homme du monde qui, dans les regles du sens commun, devoit être soupçonné ; cependant, sans la plus légere preuve, sans la moindre probabilité, c'est moi que non-seulement M. Rousseau soupçonne, mais qu'il accuse sans hésiter, d'avoir fait imprimer la satyre dont il se plaint ; &, sans faire aucune recherche, sans entrer dans aucune explication, c'est moi qu'il insulte avec dessein, dans un Papier Public ; du plus cher de ses amis, me voilà sur le champ converti en ennemi perfide & méchant, & par-là tous mes services passés & présens sont d'un seul trait adroitement effacés.

S'il n'etoit pas ridicule d'employer le raisonnement sur un semblable sujet & contre un tel homme, je demanderois à M Rousseau pourquoi il me suppose le dessein de lui nuire. Les faits lui ont, en cent occasions, prouvé le contraire, & ce n'est pas l'usage que les services que nous avons rendus fassent naître en nous de la mauvaise volonté contre celui qui les a reçus. Mais, en supposant

* *Page 19.*

que j'eusse dans le cœur une secrete animosité contre M. Rousseau, me serois-je exposé au risque d'être découvert, en envoyant moi-même aux Auteurs des Papiers Publics une satyre qui faisoit du bruit & qui étant aussi généralement répandue, ne pouvoit manquer de tomber bientôt entre leurs mains ?

Comme je n'avois garde de me croire l'objet d'un soupçon si atroce & si ridicule, je continuai à servir M. Rousseau de la maniere la plus constante & la moins équivoque. Je renouvellai mes sollicitations auprès du Général Conway, dès que l'état de sa santé put lui permettre de s'occuper de quelque chose. Le Général s'adressa de nouveau au Roi pour la pension que nous demandions, & Sa Majesté y donna une seconde fois son consentement. On s'adressa aussi au Marquis de Rockingham, Premier Lord de la Tréforerie ; pour arranger cette affaire ; enfin, je la vois heureusement terminée, & plein de la joie la plus vive, j'en mande la nouvelle à mon ami. Je n'en reçus point de réponse ; mais voici la Lettre qu'il écrivit au Général Convay.

M. ROUSSEAU AU GÉNÉRAL CONWAY.

Le 12 Mai 1766.

» Monsieur,

» Vivement touché des graces dont „ il plaît à Sa Majesté de m'honorer, „ & de vos bontés qui me les ont atti- „ rées, j'y trouve, dès à présent, ce „ bien précieux à mon cœur d'intéresser „ à mon sort le meilleur des Rois & „ l'homme le plus digne d'être aimé de „ lui. Voilà, Monsieur, un avantage „ dont je suis jaloux & que je ne mé- „ riterai jamais de perdre. Mais il faut „ vous parler avec la franchise que vous „ aimez. Après tant de malheurs, je „ me croyois préparé à tous les événe- „ mens possibles; il m'en arrive pourtant „ que je n'avois pas prévus & qu'il n'est „ pas permis à un honnête homme de „ prévoir. Ils m'en affectent d'autant plus » cruellement, & le trouble où ils me » jettent m'ôtant la liberté d'esprit né- » cessaire pour me bien conduire, tout » ce que me dit la raison dans un état » aussi triste est de suspendre mes ré- » solutions sur toute affaire importante, » telle qu'est pour moi celle dont il » s'agit. Loin de me refuser aux bien- » faits du Roi, par l'orgueil qu'on m'im-

» puté, je le mettrois à m'en glorifier;
» & tout ce que j'y vois de pénible est
» de ne pouvoir m'en honorer aux yeux
» du Public comme aux miens. Mais
» lorsque je les recevrai, je veux pou-
» voir me livrer tout entier aux sen-
» timens qu'ils m'inspirent & n'avoir le
» cœur plein que des bontés de Sa Ma-
» jesté & des vôtres. Je ne crains pas
» que cette façon de penser les puisse
» altérer. Daignez donc, Monsieur, me
» les conserver pour des tems plus
» heureux : vous connoîtrez alors que
» je ne differe de m'en prévaloir que
» pour tâcher de m'en rendre plus di-
» gne. Agréez, Monsieur, je vous sup-
» plie, mes très-humbles salutations &
» mon respect. »

J. J. R.

Cette lettre parut au Général Convay, comme à moi, un refus net d'accepter la pension tant qu'on en feroit un secret; mais comme M. Rousseau avoit été dès le commencement instruit de cette condition & que toute sa conduite, ses discours, ses lettres, m'avoient persuadé qu'elle lui convenoit, je jugeai qu'il avoit honte de se retracter la dessus en m'écrivant, & je crus voir dans cette mauvaise honte la raison d'un silence dont j'étois surpris.

J'obtins du Général Convay qu'il ne prendoit aucune résolution relativement à cette affaire & j'écrivis à M. Rousseau une lettre pleine d'amitié, dans laquelle je l'exhortai à reprendre sa premiere façon de penser & à accepter la pension.

Quant à l'accablement profond dont M. Rousseau se plaint dans sa lettre au Général Conway, & qui lui ôtoit, disoit-il, jusqu'à la liberté de son esprit, je fus rassuré à cet égard par une lettre de M. Davenport, qui me marquoit que précisément dans ce temps-là son Hôte étoit très-content, très-gai & même très-sociable. Je reconnus là cette foiblesse ordinaire de mon ami, qui veut toujours être un objet d'intérêt en passant pour un homme opprimé par l'infortune, la maladie, les persécutions, lors même qu'il est le plus tranquille & le plus heureux. Son affectation de sensibilité extrême étoit un artifice trop souvent répété pour en imposer à un homme qui le connoissoit aussi bien que moi. D'ailleurs, en le supposant même aussi vivement affecté qu'il le disoit, je n'aurois pu attribuer cette disposition qu'à la prétenduë Lettre du Roi de Prusse dont il avoit témoigné tant de chagrin dans les Papiers publics.

J'attendis trois ſemaines ſans avoir de réponſe. Ce procédé me parut un peu étrange, & j'écrivis à M. Davenport; cependant comme j'avois affaire à un homme très-étrange auſſi, & que j'attribuois toujours ſon ſilence à la petite honte qu'il pouvoit avoir de m'écrire, je ne voulus pas me décourager, & perdre, pour un vain cérémonial, l'occaſion de lui rendre un ſervice eſſentiel. Je renouvellai donc mes ſollicitations auprès des Miniſtres, & je fus aſſés heureux dans mes ſoins pour être autoriſé à écrire la Lettre ſuivante à M. Rouſſeau: c'eſt la premiére dont j'ai conſervé une copie.

M. HUME A M. ROUSSEAU.

Londres, le 19 Juin 1766.

Comme je n'ai reçu, Monſieur, aucune réponſe de vous, j'en conclus que vous perſévérez dans la réſolution de refuſer les bienfaits de Sa Majeſté, tant qu'on en fera un ſecret. Je me ſuis en conſéquence adreſſé au Général Convay pour faire ſupprimer cette condition, & j'ai été aſſés heureux pour obtenir de lui la promeſſe d'en parler au Roi. Il faut ſeulement, m'a-t-il dit, que nous ſachions préalablement de M. Rouſſeau s'il eſt diſpoſé à accepter une penſion qui lui feroit accordée publiquement, afin que Sa Majesté ne soit pas exposée à un second refus. Il m'a autorisé à vous écrire là-dessus, & je vous prie de me faire savoir votre résolution le plutôt que vous pourrez. Si vous m'envoyez votre consentement, ce que je vous prie instamment de faire, je sais que je peux compter sur les bons offices du Duc de Richmond pour appuyer la demande du Général Convay; ainsi je ne doute nullement du succès.

Je suis, mon cher Monsieur, très-sincérement tout à vous.

D. H.

Je reçus au bout de cinq jours la Réponse suivante.

M. ROUSSEAU A M. HUME.

A Vootton, le 23. Juin 1766.

Je croyois, Monsieur, que mon silence interprété par votre conscience en disoit assés; mais puisqu'il entre dans vos vuës de ne pas l'entendre, je parlerai. Vous vous êtes mal caché, je vous connois, & vous ne l'ignorez pas. Sans liaisons antérieures, sans querelles, sans démêlés, sans nous connoître autrement que par la réputation littéraire, vous vous empressez à m'offrir vos amis & vos soins. Touché de votre générosité, je me jette entre vos bras ; vous m'amenez en Angleterre, en apparence pour m'y procurer un aſyle, & en effet pour m'y déshonorer. Vous vous appliquez à cette noble œuvre avec un zèle digne de votre cœur & avec un ſuccès digne de vos talens. Il n'en falloit pas tant pour réuſſir : vous vivez dans le monde, & moi dans la retraite ; le Public aime à être trompé, & vous êtes fait pour le tromper. Je connois pourtant un homme que vous ne tromperez pas : c'eſt vous-même. Vous ſavez avec quelle horreur mon cœur repouſſa le premier ſoupçon de vos deſſeins. Je vous dît, en vous embraſſant, les yeux en larmes, que, ſi vous n'étiez pas le meilleur des hommes, il falloit que vous en fuſſiez le plus noir. En penſant à votre conduite ſecrette, vous vous direz quelquefois que vous n'êtes pas le meilleur des hommes, & je doute qu'avec cette idée vous en ſoyez jamais le plus heureux.

Je laiſſe un libre cours aux manœuvres de vos amis, aux vôtres, & je vous abandonne avec peu de regret ma réputation pendant ma vie, bien sûr qu'un jour on nous rendra juſtice à tous deux. Quant aux bons offices en matiere d'intérêt avec leſquels vous vous maſquez, je vous en remercie & vous en dispense. Je me dois de n'avoir plus de commerce avec vous, & de n'accepter pas même à mon avantage, aucune affaire dont vous soyez le médiateur. Adieu, Monsieur, je vous souhaite le plus vrai bonheur; mais comme nous ne devons plus rien avoir à nous dire, voici la derniere Lettre que vous recevrez de moi.

J. J. R.

Je lui fis sur le champ la Réponse suivante.

M. HUME A M. ROUSSEAU.

Ce 26 Juin 1766.

Comme la conscience me dit que j'en ai toujours agi avec vous de la maniere la plus amicale & que je vous ai donné, en toute occasion, les preuves les plus tendres & les plus actives d'une sincere affection, vous pouvez juger de l'extrême surprise que m'a causé la lecture de votre lettre. Il est aussi impossible de répondre à des accusations si violentes & bornées à de simples généralités, qu'il est impossible de les concevoir. Mais cette affaire ne peut, ne doit pas en rester-là. Je suppose charitablement que quelqu'infâme calomniateur m'a noirci auprès de vous; mais en ce cas, le devoir vous oblige, & je suis persuadé que votre propre inclination vous porte à me donner les moyens de connoître mon accusateur & de me justifier ; ce que vous ne pouvez faire qu'en m'instruisant de ce dont on m'accuse. Vous dites que je sais moi-même que je vous ai trahi ; mais, je le dis hautement & je le dirai à tout l'Univers : je sais le contraire ; je sais que mon amitié pour vous a été sans bornes & sans relâche ; &, quoique je vous en aie donné des preuves qui sont universellement connues en France & en Angleterre, le Public n'en connoît encore que la plus petite partie. Je demande que vous me nommiez l'homme qui ose affirmer le contraire, & surtout je demande qu'il cite une seule circonstance dans laquelle je vous aie manqué. Vous le devez à moi ; vous le devez à vous-même ; vous le devez à la vérité, à l'honneur, à la justice, à tout ce qu'il y a de sacré parmi les hommes. C'est comme innocent, car je ne dirai pas comme votre ami, je ne dirai pas comme votre bienfaiteur ; c'est, je le répete, comme innocent, que je réclame le droit de prouver mon innocence, & de confondre les scandaleuses faussetés qu'on peut avoir forgées contre moi. J'espere que M. Davenport, à qui j'ai envoyé une Copie de votre Lettre & qui lira celle-ci avant de vous la remettre, appuyera ma demande & vous dira qu'elle est juste. J'ai heureusement conservé la Lettre que vous m'avez écrite après votre arrivée à Wootton & où vous me marquez, dans les termes les plus forts, & même dans des termes trop forts, combien vous êtes sensible aux foibles efforts que j'ai faits pour vous être utile. Le petit commerce de Lettres que nous avons eu ensuite n'a eu pour objet, de ma part, que des vues dictées par l'amitié. Dites-moi donc ce qui, depuis ce tems-là, a pu vous offenser; dites-moi de quoi l'on m'accuse; dites-moi quel est mon accusateur; & quand vous aurez rempli ces conditions à ma satisfaction & à celle de M. Davenport, vous aurez encore beaucoup de peine à vous justifier d'employer des expressions si outrageantes contre un homme avec qui vous avez été si étroitement lié & qui méritoit, à plusieurs titres, d'être traité par vous avec plus d'égards & de décence.

M. Davenport sait tout ce qui s'est passé relativement à votre pension, parce qu'il m'a paru nécessaire que la perſonne qui s'eſt chargée de vous procurer un établiſſement connoiſſe exactement l'état de votre fortune, afin qu'elle ne ſoit pas tentée d'exercer à votre égard des actes de générosité, qui, en parvenant par haſard à votre connoiſſance, pourroient vous donner quelque ſujet de mécontentement.

Je ſuis, Monſieur, &c. D. H.

Le crédit de M. Davenport me procura, au bout de trois ſemaines, l'énorme Lettre qu'on va lire, & qui a dumoins cet avantage pour moi qu'elle confirme toutes les circonſtances importantes de mon récit. J'y joindrai quelques notes qui ne tomberont que ſur des faits que M. Rouſſeau a préſentés peu fidelement, & je laiſſerai à mes Lecteurs à juger lequel de nous deux mérite le plus de confiance.

M. ROUSSEAU A M. HUME.

A Wootton, le 10 Juillet 1766.

* Je ſuis malade, Monſieur, & peu en état d'écrire ; mais vous voulez une explication, il faut vous la donner. Il n'a

* Les Notes de M. Hume ſont diſtinguées par des chiffres & imprimées en caracteres romains ; celles de M. Rouſſeau ſont diſtinguées par une étoile & imprimées en caracteres italiques, *Notes des Editeurs.*

tenu qu'à vous de l'avoir depuis long-temps (1) : vous n'en voulutes point alors, je me tus ; vous la voulez aujourd'hui, je vous l'envoye. Elle sera longue, j'en suis fâché ; mais j'ai beaucop à dire, & je n'y veux pas revenir à deux fois.

Je ne vis point dans le monde ; j'ignore ce qui s'y passe ; je n'ai point de parti, point d'associé, point d'intrigue ; on ne me dit rien, je ne sais que ce que je sens ; mais comme on me le fait bien sentir, je le sais bien. Le premier soin de ceux qui trament des noirceurs est de se mettre à couvert des preuves juridiques ; il ne seroit pas bon leur intenter procés. La conviction intérieure admet un autre genre de preuves qui reglent les sentimens d'un honnête homme. Vous saurez sur quoi sont fondés les miens.

Vous demandez avec beaucoup de confiance qu'on vous nomme votre accusateur. Cet accusateur, Monsieur, est le seul homme au monde qui, déposant contre vous, pouvoit se faire écouter

(1) M. Rousseau ne m'a assurément jamais donné lieu de lui demander une explication. Si, pendant que nous avons vécu ensemble, il y a eu quelques-uns des indignes soupçons dont cette Lettre est remplie, il les a tenus bien secrets.

de moi ; c'est vous-même. Je vais me livrer sans réserve & sans crainte à mon caractere ouvert ; ennemi de tout artifice ; je vous parlerai avec la même franchise que si vous étiez un autre en qui j'eusse toute la confiance que je n'ai plus en vous. Je vous ferai l'histoire des mouvemens de mon ame & de ce qui les a produits, & nommant M. Hume en tierce personne, je vous ferai juge vous-même de ce que je dois penser de lui. Malgré la longueur de ma Lettre, je n'y suivrai point d'autre ordre que celui de mes idées, commençant par les indices & finissant par la démonstration.

Je quittois la Suisse, fatigué de traitemens barbares, mais qui du moins ne mettoient en péril que ma personne & laissoient mon honneur en sûreté. Je suivois les mouvemens de mon cœur pour aller joindre Mylord Marefchal ; quand je reçus à Strasbourg de M. Hume l'invitation la plus tendre de passer avec lui en Angleterre où il me promettoit l'accueil le plus agréable, & plus de tranquillité que je n'y en ai ttouvé. Je balançai entre l'ancien ami & le nouveau, j'eus tort ; je préférai ce dernier, j'eus plus grand tort : mais le desir de connoître par moi-même une Nation célebre, dont on me disoit tant de mal & tant de bien, l'emporta. Sûr de ne pas perdre George Keith, j'étois flatté d'acquérir David Hume. Son mérite, ses rares talens, l'honnêteté bien établie de son caractere, me faisoient désirer de joindre son amitié à celle dont m'honoroit son illustre Compatriote ; & je me faisois une sorte de gloire de montrer un bel exemple aux Gens de Lettres dans l'union sincere de deux hommes dont les principes étoient si différens.

Avant l'invitation du Roi de Prusse & de Mylord Mareschal, incertain sur le lieu de ma retraite, j'avois demandé & obtenu par mes amis un passeport de la Cour de France, dont je me servis pour aller à Paris joindre M. Hume. Il vit, & vit trop peut-être, l'accueil que je reçus d'un grand Prince, &, j'ose dire, du Public. Je me prêtai par devoir, mais avec répugnance à cet éclat, jugeant combien l'envie de mes ennemis en seroit irritée. Ce fut un spectacle bien doux pour moi que l'augmentation sensible de bienveillance pour M. Hume, que la bonne œuvre qu'il alloit faire produisit dans tout Paris. Il devoit en être touché comme moi ; je ne sais s'il le fut de la même maniere.

Nous partons avec un de mes amis qui presqu'uniquement pour moi faisoit le voyage d'Angleterre. En débarquant à Douvres, transporté de toucher enfin cette terre de liberté & d'y être amené par cet homme illustre, je lui saute au cou, je l'embrasse étroitement sans rien dire, mais en couvrant son visage de baisers & de larmes qui parloient assez. Ce n'est pas la seule fois ni la plus remarquable où il ait pu voir en moi les saisissemens d'un cœur pénétré. Je ne sais ce qu'il fait de ces souvenirs, s'ils lui viennent ; j'ai dans l'esprit qu'il en doit quelquefois être importuné.

Nous sommes fêtés arrivant à Londres. On s'empresse dans tous les états à me marquer de la bienveillance & de l'estime. M. Hume me présente de bonne grace à tout le monde; il étoit naturel de lui attribuer, comme je faisois, la meilleure partie de ce bon accueil: mon cœur étoit plein de lui, j'en parlois à à tout le monde, j'en écrivois à tous mes amis; mon attachement pour lui prenoit chaque jour de nouvelles forces; le sien paroissoit pour moi des plus tendres, & il m'en a quelquefois donné des marques dont je me suis senti très-touché. Celle de faire faire mon portrait en grand ne fut

fut pourtant pas de ce nombre. Cette fantaisie me parut trop affichée, & j'y trouvai je ne sais quel air d'ostentation qui ne me plut pas. C'est tout ce que j'aurois pu passer à M. Hume s'il eût été homme à jetter son argent par les fenêtres, & qu'il eût eu dans une galerie tous les portraits de ses amis. Au reste, j'avouerai sans peine qu'en cela je puis avoir tort (2).

Mais ce qui me parut un acte d'amitié & de générosité des plus vrais & des plus estimables, des plus dignes en un mot de M. Hume, ce fut le soin qu'il prit de solliciter pour moi de lui-même une pension du Roi, à laquelle je n'avois assurément aucun droit d'aspirer. Témoin du zele qu'il mit à cette affaire, j'en fus vivement pénétré: rien ne pouvoit plus me flatter qu'un service de cette espece, non pour l'intérêt assurément car trop atta-

[2] Voici le fait. M. Ramsay mon ami, Peintre distingué & homme de mérite, me proposa de faire le portrait de M. Rousseau; & lorsqu'il l'eut commencé, il me dit que son intention étoit de m'en faire présent. Ainsi ce n'est point à moi que l'idée en vint, & ce portrait ne me coûta rien. M. Rousseau s'est donc également mépris, & lorsqu'il me fait un compliment sur cette prétendue galanterie de ma part dans sa lettre du 29 Mars, & lorsqu'il s'en moque dans celle-ci.

ché peut-être à ce que je possede, je ne sais point désirer ce que je n'ai pas, & ayant par mes amis & par mon travail du pain suffisamment pour vivre, je n'ambitionne rien de plus; mais l'honneur de recevoir des témoignages de bonté, je ne dirai pas d'un si grand Monarque, mais d'un si bon pere, d'un si bon mari, d'un si bon maître, d'un si bon ami, & sur-tout d'un si honnête homme, m'affectoit sensiblement; & quand je considérois encore dans cette grace que le Ministre qui l'avoit obtenue étoit la probité vivante, cette probité si utile aux Peuples, & si rare dans son état, je ne pouvois que me glorifier d'avoir pour bienfaiteurs trois des hommes du monde que j'aurois le plus désirés pour amis. Aussi, loin de me refuser à la pension offerte, je ne mis pour l'accepter qu'une condition nécessaire, savoir, un consentement dont, sans manquer à mon devoir, je ne pouvois me passer.

Honoré des empressemens de tout le monde, je tâchois d'y répondre convenablement. Cependant ma mauvaise santé & l'habitude de vivre à la campagne me firent trouver le séjour de la Ville incommode. Aussi-tôt les maisons de campagne se présentent en foule; on m'en ofſre à choiſir dans toutes les Provinces. M. Hume ſe charge des propoſitions, il me les fait, il me conduit même à deux ou trois campagnes voiſines; j'héſite longtems ſur le choix; il augmentoit cette incertitude. Je me détermine enfin pour cette Province, & d'abord M. Hume arrange tout; les embarras s'applaniſſent; je pars, j'arrive dans cette habitation ſolitaire, commode, agréable: le maître de la maiſon prévoit tout pourvoit à tout; rien ne manque. Je ſuis tranquille, indépendant; voila le moment ſi déſiré où tous mes maux doivent finir. Non, c'eſt-là qu'ils commencent, plus cruels que je ne les avois encore éprouvés.

J'ai parlé juſqu'ici d'abondance de cœur, & rendant avec le plus grand plaiſir juſtice aux bons offices de M. Hume. Que ce qui me reſte à dire, n'eſt-il de même nature! Rien ne me coûtera jamais de ce qui pourra l'honorer. Il n'eſt permis de marchander ſur le prix des bienfaits que quand on nous accuſe d'ingratitude, & M. Hume m'en accuſe aujourd'hui. J'oſerai donc faire une obſervation qu'il rend néceſſaire. En appréciant ſes ſoins par la peine & le tems qu'ils lui coûtoient, ils étoient d'un prix ineſtimable, encore plus par ſa bonne volonté:

pour le bien réel qu'ils m'ont fait, ils ont plus d'apparence que de poids. Je ne venois point comme un mendiant quêter du pain en Angleterre, j'y apportois le mien; j'y venois abſolument chercher un aſyle, & il eſt ouvert à tout étranger. D'ailleurs je n'y étois point tellement inconnu qu'arrivant ſeul, j'euſſe manqué d'aſſiſtance & de ſervices. Si quelques perſonnes m'ont recherché pour M. Hume, d'autres auſſi m'ont recherché pour moi; &, par exemple, quand M. Davenport voulut bien m'offrir l'aſyle que j'habite, ce ne fut pas pour lui qu'il ne connoiſſoit point, & qu'il vit ſeulement pour le prier de faire & d'appuyer ſon obligeante propoſition. Ainſi quand M. Hume tâche aujourd'hui d'aliéner de moi cet honnête homme, il cherche à m'ôter ce qu'il ne m'a pas donné (3). Tout ce qui s'eſt fait de bien, ſe ſeroit fait ſans lui à peu près de même, & peut-être mieux; mais le mal ne ſe fut point fait; car pourquoi ai-je des ennemis en Angleterre? Pourquoi ces ennemis ſont-ils précisément les

(3) M. Rouſſeau me juge mal & devroit me connoître mieux. Depuis notre rupture, j'ai écrit à M. Davenport pour l'engager à conſerver les mêmes bontés à ſon malheureux Hôte.

amis de M. Hume ? Qui eſt-ce qui a pû m'attirer leur inimitié ? ce n'eſt pas moi qui ne les vis de ma vie & qui ne les connois pas ; je n'en aurois aucun, ſi j'y étois venu ſeul (4).

J'ai parlé juſqu'ici de faits puplics & notoires, qui par leur nature & par ma reconnoiſſance ont eu le plus grand éclat. Ceux qui me reſtent à dire ſont, non ſeulement particuliers, mais ſecrets, du moins dans leur cauſe, & l'on a pris toutes les meſures poſſibles pour qu'ils reſtaſſent cachés au Public ; mais, bien connus de la perſonne intéreſſée, ils n'en operent pas moins ſa propre conviction.

Peu de temps après notre arrivée à Londres, j'y remarquai dans les eſprits, à mon égard, un changement ſourd qui bientôt devint très-ſenſible. Avant que je vinſſe en Angleterre, elle étoit un-

(4) Etranges effets d'une imagination bleſſée ! M. Rouſſeau ignore, dit-il, ce qui ſe paſſe dans le monde, & il parle cependant des ennemis qu'il a en Angleterre. D'où le ſait-il ? Où les voit-il ? Il n'y a reçu que des marques de bienfaiſance & d'hoſpitalité. M. Walpole ſeul avoit fait une plaiſanterie ſur lui, mais n'étoit point pour cela ſon ennemi. Si M. Rouſſeau voyoit les choſes comme elles ſont, il verroit qu'il n'a eu en Angleterre d'autre ami que moi & d'autre ennemi que lui-même.

des Pays de l'Europe où j'avois le plus de réputation, j'oserois presque dire de considération. Les Papiers publics étoient pleins de mes éloges, & il n'y avoit qu'un cri contre mes persécuteurs. Ce ton se soutint à mon arrivée ; les Papiers l'annoncerent en triomphe ; l'Angleterre s'honoroit d'être mon refuge ; elle en glorifioit avec justice ses Loix & son Gouvernement. Tout-à-coup, & sans aucune cause assignable, ce ton change, mais si fort & si vîte que dans tous les caprices du Public, on n'en voit guère de plus étonnant. Le signal fut donné dans un certain *Magasin*, aussi plein d'inepties que de mensonges, où l'Auteur bien instruit ou feignant de l'être me donnoit pour fils de Musicien. Dès ce moment les imprimés ne parlerent plus de moi que d'une maniere équivoque ou malhonnête. Tout ce qui avoit trait à mes malheurs étoit déguisé, altéré, présenté sous un faux jour, & toujours le moins à mon avantage qu'il étoit possible. Loin de parler de l'accueil que j'avois reçu à Paris, & qui n'avoit fait que trop de bruit, on ne supposoit pas même que j'eusse osé paroître dans cette Ville, & un des amis de M. Hume fut très-surpris quad je lui dis que j'y avois passé.

Trop accoutumé à l'inconſtance du Public pour m'en affecter, encore je ne laiſſois pas d'être étonné de ce changement ſi bruſque, de ce concert ſi ſingulierement unanime, que pas un de ceux qui m'avoient tant loué abſent, ne parut, moi préſent, ſe ſouvenir de mon exiſtence. Je trouvois bizarre que préciſément après le retour de M. Hume qui a tant de crédit à Londres, tant d'influence ſur les gens de Lettres & les Libraires, & de ſi grandes liaiſons avec eux, ſa préſence eut produit un effet ſi contraire à celui qu'on en pouvoit attendre; que, parmi tant d'Ecrivains de toutes eſpéce, pas un de ſes amis ne ſe montrât le mien; & l'on voyoit bien que ceux qui parloient de moi n'étoient pas ſes ennemis, puiſqu'en faiſant ſonner ſon caractere public, ils diſoient que j'avois traverſé la France ſous ſa protection, à la faveur d'un paſſeport qu'il m'avoit obtenu de la Cour, & peu s'en falloit qu'ils ne fiſſent entendre que j'avois fait le voyage à ſa ſuite & à ſes frais.

Ceci ne ſignifioit rien encore & n'étoit que ſingulier; mais ce qui l'étoit davantage fut que le ton de ſes amis ne changea pas moins avec moi que celui du Public. Toujours, je me fais un plaiſir de le dire, leurs ſoins, leurs bons offices ont été les mêmes, & très-grands en ma faveur; mais loin de me marquer la même eſtime, celui ſur-tout dont je veux parler & chez qui nous étions deſcendus à notre arrivée, accompagnoit tout cela de propos ſi durs & quelquefois ſi choquans qu'on eût dit qu'il ne cherchoit à m'obliger que pour avoir droit de me marquer du mépris (5). Son frere, d'abord très-accueillant, très-honnête, changea bientôt avec ſi peu de meſure qu'il ne daignoit pas-même dans leur propre maiſon me dire un ſeul mot, ni me rendre le ſalut, ni aucun des devoirs que l'on rend chez ſoi aux étrangers. Rien cependant n'étoit ſurvenu de nouveau que l'arrivée de J. J. R. & de David Hume; & certainement la cauſe de ces changemens ne vint pas de moi; à moins que trop de ſimplicité, de diſcrétion de

(5) Il s'agit ici de M. Jean Stewart, mon ami, qui a reçu M. Rouſſeau chez lui & lui a rendu tous les bons offices qu'il a pu lui rendre. En ſe plaignant de ſes procédés, M. Rouſſeau a oublié qu'il lui a écrit de Wootton même une Lettre pleine des témoignages de reconnoiſſance les plus expreſſifs & les plus juſtes. Ce que M. Rouſſeau ajoûte ſur le frere de M. Stewart, n'eſt ni vrai ni honnête.

modeſtie ne ſoit un moyen de mécontenter les Anglois.

Pour M. Hume, loin de prendre avec moi un ton révoltant, il donnoit dans l'autre extrême. Les flagorneries m'ont toujours été ſuſpectes. Il m'en a fait de toutes les façons *, au point de me forcer, n'y pouvant tenir davantage, (6) à lui en dire mon ſentiment. Sa conduite le diſpenſoit fort de s'étendre en paroles; cependant, puiſqu'il en vouloit dire, j'aurois voulu qu'à toutes ces louanges fades il eût ſubſtitué quelquefois la voix d'un ami; mais je n'ai jamais trouvé dans ſon langage rien qui ſentît la vraie amitié, pas même dans la façon dont il parloit de moi à d'autres en ma preſence.

* *J'en dirai ſeulement une qui m'a fait rire; c'étoit de faire enſorte, quand je venois le voir, que je trouvaſſe toujours ſur ſa table un Tome de l'*Héloïſe; *comme ſi je ne connoiſſois pas aſſez le goût de M. Hume, pour être aſſuré que, de tous les Livres qui exiſtent, l'*Héloïſe *doit être pour lui le plus ennuyeux.*

(6) On peut juger par les deux premieres Lettres de M. Rouſſeau, que j'ai publiées à deſſein, de quel côté les *flagorneries* ont commencé. Au reſte, j'aimois & j'eſtimois M. Rouſſeau, & j'avois du plaiſir à le lui marquer. Peut-être en effet l'ai-je trop loué, mais je peux aſſurer qu'il ne s'en eſt jamais plaint.

On eût dit qu'en voulant me faire des Patrons il cherchoit à m'ôter leur bienveillance, qu'il vouloit plutôt que j'en fusse assisté qu'aimé; & j'ai quelquefois été surpris du tour révoltant qu'il donnoit à ma conduite près des gens qui pouvoient s'en offenser. Un exemple éclaircira ceci. M. Penneck du Musæum, ami de Milord Mareschal & Pasteur d'une Paroisse ou l'on vouloit m'établir, vient nous voir. M. Hume, moi présent, lui fait mes excuses de ne l'avoir pas prévenu; le Docteur Maty, lui dit-il, nous avoit invités pour Jeudi au Musæum où M. Rousseau devoit vous voir; mais il préféra d'aller avec Madame Garrick à la Comédie; on ne peut pas faire tant de choses en un jour (7). Vous m'avouerez, Monsieur, que c'étoit-là une étrange façon de me capter la bienveillance de M. Penneck.

Je ne sais ce qu'avoit pu dire en secret M. Hume à ses connoissances; mais rien n'étoit plus bizarre que leur façon d'en user avec moi de son aveu, souvent

(7) Je ne me rappelle pas un mot de toute cette histoire; mais ce qui me dispense d'y ajoûter foi, c'est que je me souviens très-bien que nous avions pris deux jours différens pour visiter le *Musæum* & pour aller à la Comédie.

même par ſon aſſiſtance. Quoique ma bourſe ne fût pas vuide, que je n'euſſe beſoin de celle de perſonne, & qu'il le ſût très-bien, l'on eût dit que je n'étois là que pour vivre aux dépens du Public, & qu'il n'étoit queſtion que de me faire l'aumône, de maniere à m'en ſauver un peu l'embarras; (8) je puis dire que cette affectation continuelle & choquante eſt une des choſes qui m'ont fait prendre le plus en averſion le ſéjour de Londres. Ce n'eſt ſûrement pas ſur ce pied qu'il faut préſenter en Angleterre un homme à qui l'on veut attirer un peu de conſidération : mais cette charité peut être bénignement interprétée, & je conſens qu'elle le ſoit. Avançons.

On répand à Paris une fauſſe Lettre du Roi de Pruſſe, à moi adreſſée & pleine de la plus cruelle malignité. J'apprens avec ſurpriſe que c'eſt un M. Walpole, ami de M. Hume, qui répand cette Lettre; je lui demande ſi cela eſt vrai;

(8) J'imagine que M. Rouſſeau veut parler ici de deux ou trois dîners qui lui furent envoyés de la Maiſon de M. Stewart lorſqu'il voulût manger chez lui; & ce n'étoit pas pour lui épargner la dépenſe d'un repas, mais ſeulement parce qu'il n'y avoit pas de Traiteur dans le voiſinage. Je demande pardon aux Lecteurs de les entretenir de ſemblables détails.

mais pour toute réponſe il me demande de qui je le tiens. Un moment auparavant, il m'avoit donné une carte pour ce même M. Walpole, afin qu'il ſe chargeât de Papiers qui m'importent, & que je veux faire venir de Paris en ſûreté.

J'apprends que le fils du * Jongleur Tronchin, mon plus mortel ennemi, eſt non-ſeulement l'ami, le protégé de M. Hume, mais qu'ils logent enſemble, & quand M. Hume voit que je fais cela, il m'en fait la confidence, m'aſſurant que le fils ne reſſemble pas au pere. J'ai logé quelque nuits dans cette maiſon chez M. Hume avec ma Gouvernante, & à l'air, à l'accueil dont nous ont honorés ſes Hôteſſes, qui ſont ſes amies, j'ai jugé à la façon dont lui ou cet homme qu'il dit ne pas reſſembler à ſon pere, ont pu leur parler d'elle & de moi. (9)

* Nous n'avons pas été autoriſés à ſupprimer cette injure; mais elle eſt trop groſſiere & trop gratuite pour bleſſer le célébre & eſtimable Médecin ſur qui elle tombe. *Note des Editeurs.*

(9) Me voilà donc accuſé de trahiſon parce que je ſuis l'ami de M. Walpole, qui a fait une plaiſanterie ſur M. Rouſſeau; parce que le fils d'un homme que M. Rouſſeau n'aime pas ſe trouve par hazard logé dans la même maiſon

Ces faits combinés entr'eux & avec une certaine apparence générale me donnent insensiblement une inquétude que je repousse avec horreur. Cependant les Lettres que j'écris n'arrivent pas ; j'en reçois qui ont été ouvertes, & toutes ont passé par les mains de M. Hume [10]. Si quelqu'une lui echappe il ne peut cacher l'ardante avidité de la voir. Un soir, je vois encore chez lui une manœuvre de Lettre dont je suis frappé. *

que moi ; parce que mes Hôtesses, qui ne savent pas un mot de François, ont regardé M. Rousseau froidement !.... Au reste, j'ai dit seulement à M. Rousseau que le jeune Tronchin n'avoit pas contre lui les mêmes préventions que son pere.

(10) Ces imputations d'indiscrétion & d'infidélité sont si odieuses, & les preuves en sont si ridicules, que je me crois dispensé d'y répondre.

* *Il faut dire ce que c'est que cette manœuvre. J'écrivois sur la table de M. Hume, en son absence, une réponse à une Lettre que je venois de recevoir. Il arrive, très-curieux de savoir ce que j'écrivais & ne pouvant presque s'abstenir d'y lire. Je ferme ma Lettre sans la lui montrer, & comme je la mettois dans ma poche, il la demande avidement, disant qu'il l'enverra le lendemain jour de poste. La Lettre reste sur la table. Lord Newnham arrive, M. Hume sort un moment ; je reprens ma Lettre, disant que j'aurai le tems de l'evoyer le lendemain.*

Après le souper, gardant tous deux le silence au coin de son feu, je m'apperçois qu'il me fixe, comme il lui arrivoit souvent & d'une maniere dont l'idée est difficile à rendre. Pour cette fois, son regard sec, ardent, moqueur & prolongé devint plus qu'inquiétant. Pour m'en débarrasser, j'essayai de le fixer à mon tour; mais en arrêtant mes yeux sur les siens, je sens un frémissement inexplicable, & bientôt je suis forcé de les baisser. La physionomie & le ton du bon David sont d'un bon homme, mais où, grand Dieu! ce bonhomme emprunte-t'il

Lord Newnham m'offre de l'envoyer par le paquet de M. l'Ambassadeur de France, j'accepte. M. Hume rentre tandis que Lord Newnham fait son enveloppe, il tire son cachet, M. Hume offre le sien avec tant d'empressement qu'il faut s'en servir par préférence. On sonne, Lord Newnham donne la Lettre au Laquais de M. Hume pour la remettre au sien qui attend en bas avec son carosse, afin qu'il la porte chez M. l'Ambassadeur. A peine le Laquais de M. Hume étoit hors de la porte que je me dis, je parie que le Maître va le suivre: il n'y manqua pas. Ne sachant comment laisser seul Mylord Newnham, j'hésitai quelque tems avant que de suivre à mon tour M. Hume; je n'apperçus rien, mais il vit très-bien que j'étois inquiet. Ainsi quoique je n'aie reçu aucune réponse à ma Lettre, je ne doute pas qu'elle ne soit parvenue; mais je doute un peu, je l'avoue, qu'elle n'ait pas été lue auparavant.

les yeux dont il fixe ſes amis?

L'impreſſion de ce regard me reſte & m'agite; mon trouble augmente juſqu'au ſaiſiſſement : ſi l'épanchement n'eût ſuccédé, j'étouffois. Bientôt un violent remords me gagne; je m'indigne de moi-même; enfin dans un tranſport que je me rappelle encore avec délices, je m'élance à ſon cou, je le ſerre étroitement ; ſuffoqué de ſanglots, inondé de larmes, je m'écrie d'une voix entrecoupée: *Non, non, David Hume n'eſt pas un traître; s'il n'étoit le meilleur des hommes, il faudroit qu'il en fût le plus noir* (11). David Hume me rend poliment mes embraſſemens, & tout en me frappant de petits coups ſur le dos, me répete pluſieurs fois d'un ton tranquille : *Quoi, mon cher Monſieur! Et mon cher mon Monſieur! Quoi donc, mon cher Monſieur!* Il ne me dit rien de plus ; je ſens que mon cœur ſe reſſerre : nous allons nous coucher, & je pars le lendemain pour la Province.

Arrivé dans cet agréable aſyle où j'étois venu chercher le repos de ſi loin, je devois le trouver dans une maiſon ſoli-

(11) Tout le dialogue de cette ſcene eſt artificieuſement concerté pour préparer & fonder une partie de la fable tiſſue dans cette Lettre. On verra ce que j'ai à dire ſur cet article dans ma réponſe à M. Rouſſeau.

taire, commode & riante, dont le Maître, homme d'eſprit & de mérite, n'épargnoit rien de ce qui pouvoit m'en faire aimer le ſéjour. Mais quel repos peut-on goûter dans la vie quand le cœur eſt agité! Troublé de la plus cruelle incertitude, & ne ſachant que penſer d'un homme que je devois aimer, je cherchai à me délivrer de ce doute funeſte en rendant ma confiance à mon bienfaiteur. Car, pourquoi, par quel caprice inconcevable eût-il eu tant de zele à l'extérieur pour mon bien-être, avec des projets ſecrets contre mon honneur? Dans les obſervations qui m'avoient inquiété, chaque fait en lui-même étoit peu de choſe, il n'y avoit que leur concours d'étonnant, & peut-être inſtruit d'autres faits que j'ygnorois, M. Hume pouvoit-il, dans un éclairciſſement, me donner une ſolution ſatisfaiſante. La ſeule choſe inexplicable étoit qu'il ſe fut refuſé à un éclairciſſement que ſon honneur & ſon amitié pour moi rendoient également néceſſaire. Je voyois qu'il y avoit là quelque choſe que je ne comprenois pas & que je mourois d'envie d'entendre. Avant donc de me décider abſolument ſur ſon compte, je voulus faire un dernier effort & lui écrire pour le ramener, s'il ſe laiſſoit ſéduire à mes ennemis, ou pour le faire expliquer de maniere ou d'autre. Je lui écrivis une Lettre qu'il dut trouver fort naturelle * s'il étoit coupable, mais fort extraordinaire s'il ne l'étoit pas : car, quoi de plus extraordinaire qu'une Lettre pleine à la fois de gratitude ſur ſes ſervices & d'inquiétude ſur ſes ſentimens, & où, mettant, pour ainſi dire, ſes actions d'un côté & ſes intentions de l'autre, au lieu de parler des preuves d'amitié qu'il m'avoit données, je le prie de m'aimer à cauſe du bien qu'il m'avoit fait (12)? Je n'ai pas pris mes précautions d'aſſez loin pour garder une copie de cette Lettre; mais, puiſqu'il les a priſes lui, qu'il la montre; & quiconque la lira, y voyant un homme tourmenté d'une peine ſecrete qu'il veut faire entendre & qu'il n'oſe dire, ſera curieux, je m'aſſure, de ſavoir quel éclairciſſement cette Lettre aura produit, ſur - tout à la ſuite de la

* *Il paroît par ce qu'il m'écrit en dernier lieu qu'il eſt très-content de cette Lettre, & qu'il la trouve fort bien.*

(12) Ma réponſe à cela eſt dans la Lettre même de M. Rouſſeau, du 22 Mars, où l'on trouve le ton de la plus grande cordialité, ſans aucune réſerve, ſans la moindre apparence de ſoupçon.

ſcene précédente. Aucun, rien du tout. M. Hume, ſe contente en réponſe, de me parler des ſoins obligeans que M. Davenport ſe propoſe de prendre en ma faveur. Du reſte, pas un mot ſur le principal ſujet de ma Lettre, ni ſur l'état de mon cœur dont il devoit ſi bien voir le tourment. Je fus frappé de ce ſilence encore plus que je ne l'avois été de ſon flegme à notre dernier entretien. J'avois tort, ce ſilence étoit fort naturel après l'autre & j'aurois dû m'y attendre. Car quand on a oſé dire en face à un homme: *je ſuis tenté de vous croire un traître*, & qu'il n'a pas la curioſité de vous demander *ſur quoi* (13), l'on peut compter qu'il n'aura pareille curioſité de ſa vie, & pour peu que les indices le chargent, cet homme eſt jugé.

Après la réception de ſa Lettre, qui tarda beaucoup, je pris enfin mon parti, & réſolus de ne lui plus écrire. Tout me confirma bien-tôt dans la réſolution de rompre avec lui tout commerce. Curieux au dernier point du détail de mes moindres affaires, il ne s'étoit pas borné à s'en informer de moi dans nos entre-

(13) Tout cela porte ſur la même fable. Voyez la 11e. Note.

tiens, mais j'appris qu'après avoir commencé par faire avouer à ma Gouvernante qu'elle en étoit instruite, il n'avoit pas laissé échapper avec elle un seul tête-à-tête (14) sans l'interroger jusqu'à l'importunité sur mes occupations, sur mes ressources, sur mes amis, sur mes connoissances, sur leurs noms, leur état, leur demeure, & avec une adresse Jésuitique, il avoit demandé séparément les mêmes choses à elle & à moi. On doit prendre intérêt aux affaires d'un ami, mais on doit se contenter de ce qu'il veut nous en dire, sur-tout quand il est aussi ouvert, confiant que moi, & tout ce petit cailletage de commerce convient, on ne peut pas plus mal, à un Philosophe.

Dans le même tems je reçois encore deux Lettres qui ont été ouvertes. L'une de M. Boswell, dont le cachet étoit en si mauvais état que M. Davenport, en la recevant, le fit remarquer au Laquais de M. Hume; & l'autre de M. d'Ivernois, dans un paquet de M. Hume, laquelle avoit été recachetée au moyen d'un fer

(14) Je n'ai eu qu'un seul *tête-à-tête* avec sa Gouvernante; ce fut lorsqu'elle arriva à Londres. J'avoue qu'il ne me vint pas dans l'esprit de l'entretenir d'autre chose que de M. Rousseau.

chaud qui, maladroitement appliqué, avoit brûlé le papier autour de l'empreinte. J'écrivis à M. Davenport pour le prier de garder par-de-vers lui toutes les Lettres qui lui seroient remises pour moi, & de n'en remettre aucune à personne, sous quelque prétexte que ce fût. J'ignore si M. Davenport, bien eloigné de penser que cette précaution pût regarder M. Hume, lui montra ma Lettre; mais je sais que tout disoit à celui-ci qu'il avoit perdu ma confiance, & qu'il n'en alloit pas moins son train sans s'embarrasser de de la recouvrer.

Mais que devins-je lorsque je vis dans les Papiers Publics la prétendue Lettre du Roi de Prusse que je n'avois pas encore vue, cette fausse Lettre, imprimée en François & en Anglois donnée pour vraie, même avec la signature du Roi, & que j'y reconnus la plume de M. d'Alembert * aussi sûrement que si je lui avois vu écrire?

A l'instant un trait de lumiere vint m'éclairer sur la cause secrette du changement étonnant & prompt du Public Anglois à mon égard & je vis à Paris le foyer

* Voyez là-dessus la déclaration de M. d'Alembert imprimée à la fin de cette brochure. *Note des Editeurs.*

du complot qui s'exécutoit à Londres.

M. d'Alembert, autre ami très-intime de M. Hume, étoit depuis long-tems mon ennemi caché, & n'épioit que les occasions de me nuire sans se commettre; il étoit le seul des gens de Lettre d'un certain nom & de mes anciennes connoissances qui ne me fut point venu voir [15] ou qui ne m'eût rien fait dire à mon dernier passage à Paris. Je connoissois ses dispositions secrettes, mais je m'en inquiétois peu, me contentant d'en avertir mes amis dans l'occasion. Je me souviens qu'un jour, questionné sur son compte par M. Hume, qui questionna de même ensuite ma Gouvernante, je lui dis que M. d'Alembert étoit un homme adroit & rusé. Il me contredît avec une chaleur dont je m'étonnai, ne sachant pas alors qu'ils étoient si bien ensemble, & que c'étoit sa propre cause qu'il défendoit.

La lecture de cette Lettre m'allarma beaucoup, & sentant que j'avois été attiré en Angleterre en vertu d'un projet qui commençoit à s'exécuter, mais dont j'ignorois le but, je sentois le péril sans

(15) M. Rousseau étoit excédé, disoit-il, des visites qu'il recevoit; doit-il se plaindre que M. d'Alembert, qu'il n'aimoit pas, ne l'ait pas importuné de la sienne?

ſavoir où il pouvoit être ni de quoi j'avois à me garantir ; je me rappellai alors quatre mots effrayans de M. Hume, que je rapporterai ci-après. Que penſer d'un Ecrit où l'on me faiſoit un crime de mes miſeres ; qui tendoit à m'ôter la commiſſération de tout le monde dans mes malheurs, & qu'on donnoit ſous le nom du Prince même qui m'avoit protégé, pour en rendre l'effet plus cruel encore ? Que devois-je augurer de la ſuite d'un tel début ? Le Peuple Anglois lit les Papiers Publics, & n'eſt pas déja trop favorable aux étrangers. Un vêtement qui n'eſt pas le ſien ſuffit pour le mettre de mauvaiſe humeur. Qu'en doit attendre un pauvre étranger dans ſes promenades champêtres, le ſeul plaiſir de la vie auquel il s'eſt borné, quand on aura perſuadé à ces bonnes gens que cet homme aime qu'on le lapide ? Ils ſeront fort tentés de lui en donner l'amuſement. Mais ma douleur, ma douleur profonde & cruelle, la plus amere que j'aie jamais reſſentie, ne venoit pas du péril auquel j'étois expoſé. J'en avois trop bravé d'autres pour être fort ému de celui-là. La trahiſon [16] d'un faux ami,

(16) *Ce faux ami*, c'eſt moi, ſans doute ; mais cette *trahiſon* quelle eſt-elle ? Quel mal

dont j'étois la proie, étoit ce qui portoit dans mon cœur trop sensible l'accablement, la tristesse & la mort. Dans l'impétuosité d'un premier mouvement, dont jamais je ne fus le maître, & que mes adroits ennemis savent faire naître pour s'en prévaloir, j'écris des Lettres pleines de désordre où je ne déguise ni mon trouble ni mon indignation.

Monsieur, j'ai tant de choses à dire qu'en chemin faisant j'en oublie la moitié. Par exemple, une Relation en forme de Lettre sur mon séjour à Montmorency fut portée par des Libraires à M. Hume qui me la montra. Je consentis qu'elle fût imprimée; il se chargea d'y veiller; elle n'a jamais paru. J'avois apporté un Exemplaire des Lettres de M. du Peyrou contenant la Relation des affaires de Neuf-châtel qui me regardent; je les remis aux mêmes Libraires à leur priere pour les faire traduire & réimprimer; M. Hume se chargea d'y veiller; elles n'ont jamais paru *. Dès que la fausse

ai-je fait ou ai-je pu faire à M. Rousseau? En me supposant le projet caché de le perdre, comment pouvois-je y parvenir par les services que je lui rendois? Si M. Rousseau en étoit cru, on me trouveroit bien plus imbécile que méchant.

* *Les Libraires viennent de me marquer que*

Lettre du Roi de Pruſſe & ſa traduction parurent, je compris pourquoi les autres Ecrits reſtoient ſupprimés, [17] & je l'écrivis aux Libraires. J'écrivis d'autres Lettres qui probablement ont couru dans Londres : enfin j'employai le crédit d'un homme de mérite & de qualité pour faire mettre dans les Papiers une déclaration de l'impoſture. Dans cette Déclaration, je laiſſois paroître toute ma douleur & je n'en déguiſois pas la cauſe.

Juſqu'ici M. Hume a ſemblé marcher dans les ténebres. Vous l'allez voir déſormais dans la lumiere & marcher à découvert. Il n'y a qu'à toujours aller droit avec les gens ruſés : tôt ou tard ils ſe décelent par leurs ruſes mêmes.

Lorſque cette prétendue Lettre du Roi de Pruſſe fut publiée à Londres, M. Hume, qui certainement ſavoit qu'elle étoit ſuppoſée, puiſque je le lui avois dit, n'en dit rien, ne m'écrit rien, ſe

cette Edition eſt faite & prête à paroître. Cela peut-être, mais c'eſt trop tard, & qui pis eſt, trop à propos.

(17) Il y a environ quatre mois que M. Becket, Libraire, dit à M. Rouſſeau que c'étoit une maladie ſurvenue au Traducteur qui avoit retardé cette publication. Au reſte je n'ai jamais promis de donner aucun ſoin à cette édition. M. Becket m'en eſt garant.

taît

tait & ne songe pas même à faire ; en faveur de son ami absent, aucune déclaration de la vérité [18]. Il ne falloit, pour aller au but, que laisser dire & se tenir coi ; c'est ce qu'il fit.

M. Hume ayant été mon conducteur en Angleterre, y étoit, en quelque façon, mon protecteur, mon patron. S'il étoit naturel qu'il prît ma défense, il ne l'étoit pas mois qu'ayant une protestation publique à faire, je m'adressasse à lui pour cela. Ayant déja cessé [19] de lui écrire, je n'avois garde de recommencer. Je m'adresse à un autre. Premier soufflet sur la joue de mon Patron. Il n'en sent rien.

En disant que la Lettre étoit fabriquée à Paris, il m'importoit fort peu lequel on entendît de M. d'Alembert ou de son prête-nom M. Walpole ; mais en ajoutant que ce qui navroit & déchiroit mon cœur étoit que l'imposteur avoit des complices en Angleterre, je m'expliquois

(18) Personne ne pouvoit se méprendre sur la supposition de la Lettre, & d'ailleurs M. Walpole étoit connu pour en être l'Auteur.

(19) M. Rousseau manque ici de mémoire. Il oublie que seulement huit jours auparavant il m'avoit écrit une Lettre très-cordiale. *Voyez la Lettre du 29 Mars.*

avec la plus grande clarté pour leur ami qui étoit à Londres, & qui vouloit passer pour le mien. Il n'y avoit certainement que lui seul en Angleterre dont la haine pût déchirer & navrer mon cœur. Second soufflet sur la joue de mon Patron. Il n'en sent rien.

Au contraire, il feint malignement que mon affliction venoit seulement de la publication de cette Lettre, afin de me faire passer pour un homme vain qu'une satyre affecte beaucoup. Vain ou non, j'étois mortellement affligé ; il le savoit & ne m'écrivoit pas un mot. Ce tendre ami, qui a tant à cœur que ma bourse soit pleine, se soucie assez peu que mon cœur soit déchiré.

Un autre écrit paroît bientôt dans les mêmes Feuilles, de la même main que le premier, plus cruel encore, s'il étoit possible, & où l'Auteur ne peut déguiser sa rage sur l'accueil que j'avois reçu à Paris (20). Cet Ecrit ne m'affecta plus ; il ne m'apprenoit rien de nouveau. Les Libelles pouvoient aller leur train sans m'émouvoir, & le volage Public lui-même se lassoit d'être longtemps occupé du même sujet. Ce n'est pas le compte

(20) Je n'ai aucune connoissance de ce prétendu libelle.

des Complotteurs qui, ayant ma réputation d'honnête homme à détruire, veulent de maniere ou d'autre en venir à bout. Il fallut changer de batterie.

L'affaire de la pension n'étoit pas terminée. Il ne fut pas difficile à M. Mume d'obtenir de l'humanité du Ministre & de la générosité du Prince qu'elle le fut. Il fut chargé de me le marquer, il le fit. Ce moment fut, je l'avoue, un des plus critiques de ma vie. Combien il m'en coûta pour faire mon devoir! Mes engagemens précédens, l'obligation de correspondre avec respect aux bontés du Roi, l'honneur d'être l'objet de ses attentions, de celles de son Ministre, le desir de marquer combien j'y étois sensible, même l'avantage d'être un peu plus au large en approchant de la vieillesse, accablé d'ennuis & de maux, enfin l'embarras de trouver une excuse honnête pour éluder un bienfait déja presqu'accepté; tout me rendoit difficile & cruelle la nécessité d'y renoncer; car il le falloit assurément, ou me rendre le plus vil de tous les hommes en devenant volontairement l'obligé de celui dont j'étois trahi.

Je fis mon devoir, non sans peine; j'écrivis directement à M. le Général Conway, & avec autant de respect & d'honnêteté qu'il me fut possible, sans refus absolu, je me défendis pour le présent d'accepter. M. Hume avoit été le négociateur de l'affaire, le seul même qui en eut parlé ; non seulement je ne lui répondis point, quoique ce fut lui qui m'eût écrit, mais je ne dis pas un mot de lui dans ma lettre. Troisiéme souflet sur la joue de mon patron, & pour celui-là, s'il ne le sent pas, c'est assurément sa faute : il n'en sent rien.

Ma lettre n'étoit pas claire & ne pouvoit l'être pour M. le Général Conway, qui ne sçavoit pas à quoi tenoit ce refus, mais elle l'étoit fort pour M. Hume qui le sçavoit très-bien ; cependant il feint de prendre le change tant sur le sujet de ma douleur que sur celui de mon refus, & dans un billet qu'il m'écrit il me fait entendre qu'on me ménagéra la continuation des bontés du Roi si je me ravise sur la pension. En un mot il prétend à toute force, & quoi qu'il arrive, demeurer mon patron malgré moi. Vous jugez bien, Monsieur, qu'il n'attendoit pas de réponse & qu'il n'en eut point.

Dans ce même tems à peu-près, car je ne sçais pas les dates, & cette exactitude ici n'est pas nécessaire, parut une lettre de M. de Voltaire à moi adressée avec une traduction Angloise qui renchérit encore sur l'original. Le noble objet de ce spirituel ouvrage est de m'attirer le mépris & la haine de ceux chez qui je me suis refugié. Je ne doutai point que mon cher Patron n'eût été un des instrumens de cette publication, sur-tout quand je vis qu'en tâchant d'aliéner de moi ceux qui pouvoient en ce pays me rendre la vie agréable, on avoit omis de nommer celui qui m'y avoit conduit. On sçavoit sans doute que c'étoit un soin superflu & qu'à cet égard rien ne restoit à faire. Ce nom si maladroitement oublié dans cette Lettre, me rappella ce que dit Tacite du portrait de Brutus omis dans une pompe funebre, que chacun l'y distinguoit, précisément parce qu'il n'y étoit pas.

On ne nommoit donc pas M. Hume; mais il vit avec les gens qu'on nommoit. Il a pour amis tous mes ennemis, on le sçait : ailleurs les Tronchin, (21) les d'Alembert, les Voltaire ; mais il il y a

(21) Je n'ai jamais été assez hureux pour me rencontrer avec M. de Voltaire : il m'a fait seulement l'honneur de m'écrire une Lettre il y a environ trois ans. Je n'ai vu de ma vie M. Tronchin, & je n'ai jamais eu le moindre commerce avec lui. Quant à M. d'Alembert, je me fais gloire de son amitié.

bien pis à Londres, c'eſt que je n'y ai pour ennemis que ſes amis. Eh pourquoi y en aurois-je d'autres? Pourquoi même y ai-je ceux-là? Qu'ai-je fait à Lord (22) Littleton, que je ne connois même pas? Qu'ai-je fait à M. Walpole que je ne connois pas davantage? Que ſçavent-ils de moi, ſinon que je ſuis malheureux & l'ami de leur Hume? Que leur a-t-il donc dit, puiſque ce n'eſt que par lui qu'ils me connoiſſent? Je crois bien qu'avec le rôle qu'il fait il ne ſe démaſque pas devant tout le monde; ce ne ſeroit plus être maſqué. Je crois bien qu'il ne parle pas de moi à M. le Général Conway ni à M. le Duc de Richemond, comme il en parle dans ſes entretiens ſecrets avec M. Walpole & dans ſa correſpondance ſecrette

(22) M. Rouſſeau voyant dans les Papiers Publics l'annonce d'une Lettre qui lui étoit adreſſée ſous le nom de M. de Valtaire, écrivit à M. Davenport, qui étoit alors à Londres, pour le prier de la lui apporter. Je dis à M. Davenport que la copie imprimée étoit très-fautive; mais que j'en demanderois au Lord Littleton une copie manuſcrite qui étoit correcte. Cela ſuffit à M. Rouſſeau pour lui faire conclure que le Lord Littleton eſt ſon ennemi mortel & mon intime ami, & que nous conſpirons enſemble contre lui. Il auroit dû plutôt conclure que la copie, qui avoit été imprimée, ne venoit pas de moi.

avec M. d'Alembert ; mais qu'on découvre la trame qui s'ourdit à Londres depuis mon arrivée, & l'on verra si M. Hume n'en tient pas les principaux fils.

Enfin le moment venu qu'on croit propre à frapper le grand coup, on en prépare l'effet par un nouvel écrit satyrique qu'on fait mettre dans les Papiers (23). S'il m'étoit reste jusqu'alors le moindre doute, comment auroit-t'il pu tenir devant cet Ecrit, puisqu'il contenoit des faits qui n'étoient connus que de M. Hume, chargés, il est vrai, pour les rendre odieux au Public.

On dit dans cet Écrit que j'ouvre ma porte aux Grands & que je la ferme aux Petits. Qui est-ce qui sait à qui j'ai ouvert ou fermé ma porte, que M. Hume, avec qui j'ai demeuré & par qui sont venus tous ceux que j'ai vus ? Il faut en excepter un Grand que j'ai reçu de bon cœur sans le connoître, & que j'aurois reçu de bien meilleur cœur encore si je l'avois connu. Ce fut M. Hume qui me dit son nom quand il fut parti. En l'apprenant j'eus un vrai chagrin que, daignant mon-

(23) Je n'ai jamais vu cette piece, ni avant ni après sa publication, & tous ceux à qui j'en ai parlé n'en ont aucune connoissance.

ter au ſecond étage, il ne fût pas entré au premier.

Quant aux Petits, je n'ai rien à dire. J'aurois déſiré voir moins de monde; mais, ne voulant déplaire à perſonne, je me laiſſois diriger par M. Hume, & j'ai reçus de mon mieux tous ceux qu'il m'a préſentés ſans diſtinction de Petits ni de Grands.

On dit dans ce même Ecrit que je reçois mes parens froidement, *pour ne rien dire de plus*. Cette généralité conſiſte a avoir une fois reçu aſſez froidement le ſeul parent que j'aie hors de Geneve, & cela en préſence de M. Hume (24). C'eſt néceſſairement ou M. Hume ou ce parent qui a fourni cet article. Or mon couſin, que j'ai toujours connu pour bon parent & pour honnête homme, n'eſt point capable de fournir à des ſatyres publiques contre moi. D'ailleurs, borné par ſon état à la ſociété des gens de Commerce, il ne vit pas avec les gens de Lettres, ni avec ceux qui fourniſſent des Articles dans les Papiers, encore moins avec ceux qui s'occupent à des ſatyres. Ainſi l'Ar-

(24) Je n'étois pas préſent, lorſque M. Rouſſeau reçu ſon couſin. Je les vis enſuite enſemble, un ſeul moment, ſur la terraſſe de Buckingham-Streer.

ticle ne vient pas de lui. Tout au plus puis-je penser que M. Hume aura tâché de le faire jaser, ce qui n'est pas absolument difficile, & qu'il aura tourné ce qu'il lui a dit de la maniere la plus favorable à ses vues. Il est bon d'ajouter qu'après ma rupture avec M. Hume j'en avois écrit à ce cousin-là.

Enfin, on dit dans ce même Ecrit que je suis sujet à changer d'amis. Il ne faut pas être bien fin pour comprendre à quoi cela prépare.

Distinguons. J'ai depuis vingt-cinq & trente ans des amis très-solides. J'en ai de plus nouveaux, mais non moins sûrs, que je garderai plus long-tems si je vis. Je n'ai pas en général trouvé la même sûreté chez ceux que j'ai faits parmi les gens de Lettres. Aussi j'en ai changé quelquefois, & j'en changerai tant qu'ils me feront suspects; car je suis bien déterminé à ne garder jamais d'amis par bienséance: je n'en veux avoir que pour les aimer.

Si jamais j'eus une conviction intime & certaine, je l'ai que M. Hume a fourni les matériaux de cet Ecrit. Bien plus, non-seulement j'ai cette certitude, mais il m'est clair qu'il a voulu que je l'eusse; car comment supposer un homme aussi fin, assez mal-à-droit pour se découvrir à ce point, voulant se cacher ?

Quel étoit son but ? Rien n'est plus clair encore. C'étoit de porter mon indignation à son dernier terme, pour amener avec plus d'éclat le coup qu'il me préparoit. Il sait que pour me faire faire bien des choses il suffit de me mettre en colere. Nous sommes au moment critique qui montrera s'il a bien ou mal raisonné.

Il faut se posséder autant que M. Hume, il faut avoir son flegme & toute sa force d'esprit pour prendre le parti qu'il prit, après tout ce qui s'étoit passé. Dans l'embarras où j'étois, écrivant à M. le Général Conway, je ne pus remplir ma Lettre que de phrases obscures dont M. Hume fit, comme mon ami, l'interprétation qu'il lui plut. Supposant donc, quoiqu'il sut très-bien le contraire, que c'étoit la clause du secret qui me faisoit de la peine, il obtient de M. le Général qu'il voudroit bien s'employer pour la faire lever. Alors cet homme Stoïque & vraiment insensible m'écrit la Lettre la plus amicale où il me marque qu'il s'est employé pour faire lever la clause, mais qu'avant toute chose il faut savoir si je veux accepter sans cette condition, pour ne pas exposer Sa Majesté à un second refus.

C'étoit ici le moment décisif, la fin, l'objet de tous ses travaux. Il lui falloit une réponse, il la vouloit. Pour que je ne puisse me dispenser de la faire il envoye à M. Davenport un duplicata de sa Lettre, & non content de cette précaution, il m'écrit dans un autre billet qu'il ne sauroit rester plus long-tems à Londres pour mon service. La tête me tourna presque en lisant ce billet. De mes jours je n'ai rien trouvé de plus inconcevable.

Il l'a donc enfin cette réponse tant desirée, & se presse déja d'en triompher. Déja écrivant à M. Davenport, il me traite d'homme féroce & de monstre d'ingratitude. Mais il lui faut plus. Ses mesures sont bien prises, à ce qu'il pense; nulle preuve contre lui ne peut échapper. Il veut une explication : il l'aura ; & la voici.

Rien ne la conclut mieux que le dernier trait qui l'amene. Seul il prouve tout & sans réplique.

Je veux supposer, par impossible, qu'il n'est rien revenu à M. Hume de mes plaintes contre lui : il n'en sait rien, il les ignore aussi parfaitement que s'il n'eût été faufilé avec personne qui en fût instruit, aussi parfaitement que si durant ce tems il eût vécu à la Chine (25). Mais ma conduite immédiate entre lui & moi; les derniers mots si frappans que je lui dis à Londres; la Lettre qui suivit pleine d'inquiétude & de crainte; mon silence obstiné plus énergique que des paroles; ma plainte amere & publique au sujet de la Lettre de M. d'Alembert; ma Lettre au Ministre, qui ne m'a point écrit, en réponse à celle qu'il m'écrit lui-même, & dans laquelle je ne dis pas un mot de lui; enfin mon refus, sans daigner m'adresser à lui, d'acquiescer à une affaire qu'il a traitée en ma faveur, moi le sachant, & sans opposition de ma part; tout cela parle seul du ton le plus fort, je ne dis pas à tout homme qui auroit quelque sentiment dans l'ame, mais à tout homme qui n'est pas hébêté.

Quoi, après que j'ai rompu tout commerce avec lui depuis près de trois mois, après que je n'ai répondu à pas une de ses Lettres, quelqu'important qu'en fut

(25) Comment aurois-je deviné ces chimériques soupçons? M. Davenport, la seule personne de ma connoissance qui vît alors M. Rousseau, m'assure qu'il les ignoroit parfaitement lui-même.

le ſujet, environné des marques publiques & particulieres de l'affliction que ſon infidélité me cauſe, cet homme éclairé, ce beau génie naturellement ſi clairvoyant & volontairement ſi ſtupide, ne voit rien, n'entend rien, ne ſent rien, n'eſt ému de rien, & ſans un ſeul mot de plainte, de juſtification, d'explication, il continue à ſe donner, malgré moi, pour moi, les ſoins les plus grands, les plus empreſſés! il m'écrit affectueuſement qu'il ne peut reſter à Londres plus long-tems pour mon ſervice, comme ſi nous étions d'accord qu'il y reſtera pour cela! Cet aveuglement, cette impaſſibilité, cette obſtination ne ſont pas dans la nature, il faut expliquer cela par d'autres motifs. Mettons cette conduite dans un plus grand jour, car c'eſt un point déciſif.

Dans cette affaire il faut néceſſairement que M. Hume ſoit le plus grand ou le dernier des hommes, il n'y a pas de milieu. Reſte à voir lequel c'eſt des deux.

Malgré tant de marques de dédain de ma part, M. Hume avoit-il l'étonnante généroſité de vouloir me ſervir ſincérement? Il ſavoit qu'il m'étoit impoſſible d'accepter ſes bons offices tant que j'aurois de lui les ſentimens que j'avois conçus. Il avoit éludé l'explication lui-même. Ainſi me ſervant ſans ſe juſtifier il rendoit ſes ſoins inutiles ; il n'étoit donc pas généreux.

S'il ſuppoſoit qu'en cet état j'accepterois ſes ſoins , il ſuppoſoit donc que j'étois un infâme. C'étoit donc pour un homme qu'il jugeoit être un infâme qu'il ſollicitoit avec tant d'ardeur une penſion du Roi ? Peut-on rien penſer de plus extravagant ?

Mais que M. Hume ſuivant toujours ſon plan , ſe ſoit dit à lui-même : voici le moment de l'exécution ; car , preſſant Rouſſeau d'accepter la penſion , il faudra qu'il l'accepte ou qu'il la refuſe. S'il l'accepte , avec les preuves que j'ai en main , je le déshonore complettement ; s'il la refuſe après l'avoir acceptée , on a levé tout prétexte , il faudra qu'il diſe pourquoi. C'eſt-là que je l'attends ; s'il m'accuſe il eſt perdu.

Si , dis-je , M. Hume a raiſonné ainſi , il a fait une choſe fort conſéquente à ſon plan , & par-là même ici fort naturelle , & il n'y a que cette unique façon d'expliquer ſa conduite dans cette affaire ; car elle eſt inexplicable dans toute autre ſuppoſition ; ſi ceci n'eſt pas démontré , jamais rien ne le ſera.

L'état critique où il m'a réduit me rappelle bien fortement les quatre mots dont j'ai parlé ci-devant, & que je lui entendis dire & répéter dans un tems où je n'en pénétrois guéres la force. C'étoit la premiere nuit qui ſuivit notre départ de Paris. Nous étions couchés dans la même chambre, & pluſieurs fois dans la nuit, je l'entens s'écrier en François avec une véhémence extrême (26): *Je tiens J. J. Rouſſeau.* J'ignore s'il veilloit ou dormoit. L'expreſſion eſt remarquable dans la bouche d'un homme qui ſait trop bien le François pour ſe tromper ſur la force & le choix des termes. Cependant je pris, & je ne pouvois manquer alors de prendre ces mots dans un ſens favorable, quoique le ton l'indiquâs encore moins que l'expreſſion : c'eſt un ton dont il m'eſt impoſſible de donner l'idée, & qui correſpond très-bien aux regards dont j'ai parlé. Chaque fois qu'il dît ces mots, je ſentis un treſſaillement deffroi dont je n'étois pas le maître; mais il ne me fallut qu'un moment pour me

(26) Je ne ſaurois répondre de ce que je dis en rêvant, & je ſais encore moins ſi c'eſt en François que je rêve ; mais M. Rouſſeau, qui ne ſait pas ſi je dormois ou ſi je veillois quand je prononçois ces terribles paroles, avec une ſi terrible voix, eſt-il certain d'avoir été bien éveillé lorſqu'il les a entendues ?

remettre & rire de ma terreur. Dès le lendemain tout fut si parfaitement oublié que je n'y ai pas même pensé durant tout mon séjour à Londres & au voisinage. Je ne m'en suis souvenu qu'ici où tant de choses m'ont rappellé ces paroles, & me les rappelle, pour ainsi dire, à chaque instant.

Ces mots dont le ton retentit sur mon cœur comme s'ils venoient d'être prononcés, les longs & funestes regards tant de fois lancés sur moi, les petits coups sur le dos avec des mots de *Mon cher Monsieur*, en réponse au soupçon d'être un traître ; tout cela m'affecte à un tel point après le reste, que ces souvenirs, fussent-ils les seuls, fermeroient tout retour & la confiance, & il n'y a pas une nuit où ces mots, *Je tiens J. J. Rousseau*, ne sonnent encore à mon oreille, comme si je les entendois de nouveau.

Oui, M. Hume ; vous me tenez, je le sais, mais seulement par des choses qui me sont extérieures : vous me tenez par l'opinion, par les jugemens des hommes ; vous me tenez par ma réputation, par ma sureté peut-être ; tous les préjugés sont pour vous ; il vous est aisé de me faire passer pour un monstre, comme vous avez commencé, & je vois déjà l'exultation barbare de mes implacables ennemis. Le public, en général, ne me fera pas plus de grace. Sans autre examen, il est toujours pour les services rendus; parce que chacun est bien aise d'inviter à lui en rendre, en montrant qu'il fait les sentir. Je prévois aisément la suite de tout cela, sur-tout dans le Pays où vous m'avez conduit, & où, sans amis, étranger à tout le monde, je suis presque à votre merci. Les gens sensés comprendront, cependant, que, loin que j'aie pu chercher cette affaire, elle étoit ce qui pouvoit m'arriver de plus terrible dans la position où je suis: ils sentiront qu'il n'y a que ma haine invincible pour toute fausseté & l'impossibilité de marquer de l'estime à celui pour qui je l'ai perdue, qui aient pu m'empêcher de dissimuler quand tant d'intérêts m'en faisoient une loi: mais les gens sensés sont en petit nombre & ce ne sont pas eux qui font du bruit.

Oui, M. Hume, vous me tenez par tous les liens de cette vie; mais vous ne me tenez ni par ma vertu ni par mon courage, indépendant de vous & des hommes, & qui me restera tout entier malgré vous. Ne pensez pas m'effrayer par la crainte du sort qui m'attend. Je connois les jugemens des hommes, je suis accoutumé à leur injustice, & j'ai appris à les peu rédouter. Si votre parti est pris, comme j'ai tout lieu de le croire, soyez sûr que le mien ne l'est pas moins. Mon corps est affoibli, mais jamais mon ame ne fut plus ferme. Les hommes feront & diront ce qu'ils voudront, peu m'importe ; ce qui m'importe est d'achever, comme j'ai commencé, d'être droit & vrai jusquà la fin, quoiqu'il arrive, & de n'avoir pas plus à me reprocher une lâcheté dans mes miseres qu'une insolence dans ma prospérité. Quelque opprobre qui m'attende & quelque malheur qui me menace, je suis prêt. Quoiqu'à plaindre, je le serai moins que vous, & je vous laisse pour toute vengeance le tourment de respecter, malgré vous, l'infortuné que vous accablez.

En achevant cette Lette, je suis surpris de la force que j'ai eue de l'écrire. Si l'on mouroit de douleur, j'en serois mort à chaque ligne. Tout est également incompréhensible dans ce qui se passe. Une conduite pareille à la vôtre n'est pas dans la nature, elle est contradictoire, & cependant elle est démontrée. Abyme des deux côté! je péris dans l'un ou dans l'autre. Je suis le plus malheureux des humains ſi vous êtes coupable, j'en ſuis le plus vil ſi vous êtes innocent. Vous me faites déſirer d'être cet objet mépriſable. Oui, l'état où je me verrois proſterné, foulé ſous vos pieds, criant miſéricorde & faiſant tout pour l'obtenir, publiant à haute voix mon indignité & rendant à vos vertus le plus éclatant hommage, ſeroit pour mon cœur un état d'épanouiſſement & de joie, après l'état d'étouffement & de mort où vous l'avez mis. Il ne me reſte qu'un mot à vous dire. Si vous êtes coupable ne m'écrivez plus; cela ſeroit inutile, & sûrement vous ne me tromperez pas. Si vous êtes innocent, daignez vous juſtifier. Je connois mon devoir, je l'aime & l'aimerai toujours, quelque rude qu'il puiſſe être. Il n'y a point d'abjection dont un cœur, qui n'eſt pas né pour elle, ne puiſſe revenir. Encore un coup, ſi vous êtes innocent, daignez vous juſtifier : ſi vous ne l'êtes pas, adieu pour jamais.

J. J. R.

Je délibérai quelque tems ſi je ferois quelque Réponſe à cet étrange Mémoire; à la fin je me déterminai à écrire la Lettre ſuivante.

M. HUME A M. ROUSSEAU.

Le 22 Juillet 1766.

Monsieur,

Je ne répondrai qu'à un seul article de votre longue Lettre ; c'est à celui qui regarde la conversation que nous avons eue ensemble, le soir qui a précédé votre départ. M. Davenport avoit imaginé un honnête artifice pour vous faire croire qu'il y avoit une chaise de retour prête à partir pour Wooton ; je crois même qu'il le fit annoncer dans les Papiers Publics, afin de mieux vous tromper. Son intention étoit de vous épargner une partie de la dépense du voyage, ce que je regardois comme un projet louable ; mais je n'eus aucune part à cette idée ni à son exécution. Il vous vint cependant quelque soupçon de l'artifice, tandis que nous étions au coin de mon feu, & vous me reprochâtes d'y avoir participé : je tâchai de vous appaiser & de détourner la conversation; mais ce fut inutilement. Vous restâtes quelque tems, assis, ayant un air sombre & gardant le silence, ou me répondant avec beaucoup d'humeur ; après quoi vous vous levâtes & fites un tour ou deux dans la chambre ; enfin tout d'un coup & à mon grand étonnement vous vîntes vous jetter ſur mes genoux, & paſſant vos bras autour de mon cou, vous m'embraſsâtes avec un air de tranſport, vous baignâtes mon viſage de vos larmes & vous vous écriâtes : *Mon cher ami, me pardonnerez-vous jamais cette extravagance ? Après tant de peines que vous avez priſes pour m'obliger, après les preuves d'amitié ſans nombre que vous m'avez données, ſe peut-il que je paye vos ſervices de tant d'humeur & de bruſquerie ? Mais en me pardonnant, vous me donnerez une nouvelle marque de votre amitié, & j'eſpere que lorſque vous verrez le fond de mon cœur, vous trouverez qu'il n'en eſt pas indigne.* Je fus extrêmement touché, & je crois qu'il ſe paſſa entre-nous une ſcêne très-tendre. Vous ajoutâtes, ſans doute par forme de compliment, que quoi que j'euſſe d'autres titres plus sûrs pour mériter l'eſtime de la poſtérité, cependant l'attachement extraordinaire que je marquois à un homme malheureux & perſécuté, ſeroit peut-être compté pour quelque choſe.

Cet incident étoit aſſez remarquable, & il eſt impoſſible que vous ou moi l'ayons ſi promptement oublié; mais vous avez eu l'aſſurance de m'en parler deux fois d'une maniere si différente, ou plutôt si opposée, qu'en persistant, comme je fais dans mon récit, il s'ensuit nécessairement qu'un de nous deux est un menteur. Vous imaginez peut-être que cette avanture s'étant passée entre nous & sans témoins, il faudra balancer la crédibilité de votre témoignage & du mien, mais vous n'aurez pas cet avantage ou ce désavantage, de quelque maniere que vous vouliez l'appeller : je produirai contre vous d'autres preuves, qui mettront la chose hors de contestation.

1°. Vous n'avez pas fait attention que j'avois une Lettre écrite de votre main, (1) qui ne peut pas absolument se concilier avec votre récit, & qui confirme le mien.

2°. J'ai conté le fait le lendemain ou le surlendemain à M. Davenport, dans l'intention d'empêcher qu'il n'eût recours, pour vous obliger dans la suite,

(1) C'est celle du 22 Mars, qui est pleine de cordialité & qui prouve que M. Rousseau ne m'avoit jamais laissé entrevoir aucun de ces noirs soupçons de perfidie sur lesquels il insiste à présent. On voit seulement à la fin de sa Lettre quelques restes d'humeur sur l'affaire de sa chaise.

à de semblables finesses ; il s'en souviendra sûrement.

3°. Comme cette avanture me paroissoit vous faire honneur, je l'ai contée ici à plusieurs de mes amis ; je l'ai même écrite à Madame * la C. de * * à Paris. Personne, je pense, n'imaginera que je préparois d'avance une apologie, au cas que je me brouillasse avec vous, évenement que j'aurois regardé alors comme le plus incroyable de tous les évenemens humains ; d'autant plus que nous étions peut-être séparés pour jamais, & que je continuois à vous rendre les services les plus essentiels.

4°. Le fait, tel que je le rapporte, est conséquent & raisonnable ; mais il n'y a pas le sens commun dans votre récit. Quoi ! Parce que dans quelques momens de distraction ou de rêverie, assez ordinaires aux personnes occupées, j'aurai eu un regrad fixe, vous me soupçonnez d'être un traître, & vous avez l'assurance de me déclarer cet atroce & ridicule soupçon ? Car vous ne prétendez pas même avoir eu, avant votre départ de Londre, d'autres motifs solides de soupçon contre moi ?

* Cette Dame a exigé qu'on supprimât son nom. *Note des Editeurs.*

Je n'entrerai dans aucun autre détail ſur votre Lettre ; vous ſçavez trop bien vous-même combien tous les autres artices en ſont dénués de fondement. J'ajouterai ſeulement en général que je goûtois il y a un mois un plaiſir très-ſenſible, en ſongeant que malgré bien des difficultés j'étois parvenu par ma conſtance & mes ſoins, & par de là même mes plus vives eſpérences, à aſſurer votre repos, votre honneur & votre fortune ; mais cette jouiſſance a bientôt été ſuivie du déplaiſir le plus amer, en vous voyant gratuitement & volontairement repouſſer ces biens loin de vous & vous déclarer l'ennemi de votre propre repos, de votre fortune & de votre honneur ; dois-je être étonné, après cela, que vous ſoyez mon ennemi ?

A Dieu & pour toujours.

D. H.

Il ne me reſte qu'à joindre à tous ces Papiers la Lettre que M. Walpole m'a écrite & qui prouve que je n'ai eu aucune part à tout ce qui concerne la prétendue Lettre du Koi de Pruſſe.

M. WALPOLE A M. HUME.

Arlington-Street, le 26 Juillet 1766.

Je ne peux pas me rappeller avec préciſion le tems où j'ai écrit la *Lettre du*

Roi

Roi de Prusse ; mais je vous assure, avec la plus grande vérité, que c'étoit plusieurs jours avant votre départ de Paris & avant l'arrivé de Rousseau à Londres; & je peux vous en donner une forte preuve ; car, non-seulement par égard pour vous, je cachai la Lettre tant que vous restates à Paris; mais ce fut aussi la raison pour laquelle, par délicatesse pour moi-même, je ne voulus pas aller le voir, quoique vous me l'eussiez souvent proposé. Je ne trouvois pas qu'il fût honnête d'aller faire une visite cordiale à un homme, ayant dans ma poche une Lettre où je le tournois en ridicule. Vous avez pleine liberté, mon cher Monsieur, de faire usage soit auprès de Rousseau, soit auprès de tout autre, de ce que je dis ici pour votre justification ; je serois bien fâché d'être cause qu'on vous fit aucun reproche. J'ai un mépris profond pour Rousseau & une parfaite indifférence sur ce qu'on pensera de cette affaire; mais, s'il y a en cela quelque faute, ce que je suis bien loin de croire, je la prens sur mon compte. Il n'y a point de talens qui m'empêchent de rire de celui qui les possede, s'il est un charlatan ; mais, s'il a de plus un cœur ingrat & méchant, comme Rousseau l'a fait voir à votre égard, il sera détesté par moi comme par tous les honnêtes gens, &c.

H. W.

Je viens de donner une Relation, aussi concise qu'il m'a été possible, de cette étrange affaire, qui, à ce qu'on m'a dit, a excité l'attention du Public & qui contient plus d'incidens extraordinaires qu'aucune autre de ma vie.

Les personnes, à qui j'ai montré toutes les pieces originales qui établissent l'autenticité des faits, ont pensé diversement, tant sur l'usage que je devois en faire que sur les sentimens actuels de M. Rousseau & sur l'état de son ame. Quelques-uns prétendent qu'il est absolument de mauvaise foi dans la querelle qu'il me fait & dans l'opinion qu'il a de mes torts : ils croyent que tous ses procédés sont dictés par cet orgueil extrême qui forme la base de son caractere & qui le porte à chercher l'occasion de refuser, avec éclat, un bienfait du Roi d'Angleterre, & en même temps de se débarrasser de l'intolérable fardeau de la reconnoissance en sacrifiant à cela l'honneur, la vérité, l'amitié, & même son propre intérêt. Ils apportent, pour preuve de leur opinion, l'absurdité même de la premiere supposition sur laquelle

M. Rouſſeau fonde ſon reſſentiment; je veux dire, la ſuppoſition que c'eſt moi qui ai fait imprimer la plaiſanterie de M. Walpole, quoique M. Rouſſeau ſache bien lui-même qu'elle étoit répandue par-tout, à Londres comme à Paris. Comme cette ſuppoſition eſt, d'un côté, contraire au ſens commun, & de l'autre n'eſt pas ſoutenue par la plus légere probabilité, ils en concluent qu'elle n'a jamais eu aucune autorité, dans l'eſprit même de M. Rouſſeau. Ils confirment cette idée par la multitude des fictions & des menſonges que M. Rouſſeau emploie pour juſtifier ſa colere, menſonges qui concernent des faits ſur leſquels il lui eſt impoſſible de ſe tromper. Ils oppoſent auſſi ſa gaîté & ſon contentement réels à cette profonde mélancolie dont il feint d'être accablé. Il ſeroit ſuperflu d'ajouter que la maniere de raiſonner qui regne dans toutes ſes accuſations eſt trop abſurde pour opérer dans l'eſprit de qui que ce ſoit une conviction ſincere.

Quoique M. Rouſſeau paroiſſe faire ici le ſacrifice d'un intérêt fort conſidérable, il faut obſerver cependant que l'argent n'eſt pas toujours le principal mobile des actions humaines: il y a des hommes ſur qui la vanité a un empire bien plus puiſſant, & c'eſt le cas de ce Philoſophe. Un refus fait avec oſtentation de la penſion du Roi d'Angleterre, oſtentation qu'il a ſouvent recerchée à l'égard d'autres Princes, auroit pu être ſeule un motif ſuffiſant pour déterminer ſa conduite.

Quelques autres de mes amis traitent toute cette affaire avec plus d'indulgence, & regardent M Rouſſeau comme un objet de pitié plutôt que de colere. Ils ſuppoſent bien auſſi, que l'orgueil & l'ingratitude ſont la baſe de ſon caractere; mais en même-tems ils ſont diſpoſés à croire que ſon eſprit, toujours inquiet & flottant, ſe laiſſe entraîner au courant de ſon humeur & de ſes paſſions. L'abſurdité de ce qu'il avance n'eſt pas, ſelon eux, une preuve qu'il ſoit de mauvaiſe foi. Il ſe regarde comme le ſeul être important de l'Univers, & croit bonnement que tout le genre humain conſpire contre lui. Son plus grand bienfaiteur, étant celui qui incommode le plus ſon orgueil, devient le principal objet de ſon animoſité. Il eſt vrai qu'il employe, pour ſoutenir ſes bizarreries, des fictions & des menſonges; mais c'eſt une reſſource ſi commune dans ces têtes foibles qui flottent continuellement entre la raison & la folie, que personne ne doit s'en étonner.

J'avoue que je penche beaucoup vers cette derniere opinion, quoiqu'en même tems je doute fort qu'en aucune circonstance de sa vie, M. Rousseau ait joui plus entierement qu'aujourd'hui de toute sa raison. Même dans les étranges Lettres qu'il m'a écrites, on retrouve des traces bien marquées de son éloquence & de son génie.

M. Rousseau m'a dit souvent qu'il composoit les Mémoires de sa vie, & qu'il y rendoit justice à lui-même, à ses amis & à ses ennemis. Comme M. Davenport m'a marqué que depuis sa retraite à Wootton il avoit été fort occupé à écrire, j'ai lieu de croire qu'il acheve cet ouvrage. Rien au monde n'étoit plus inattendu pour moi que de passer si soudainement de la classe de ses amis à celle de ses ennemis; mais cette révolution s'étant faite, je dois m'attendre à être traité en conséquence. Si ses Mémoires paroissent après ma mort, personne ne pourra justifier ma mémoire en faisant connoître la vérité : s'ils sont publiés après la mort de l'Auteur, ma justification perdra, par cela même, une grande partie de son autenticité. Cette réflection m'a engagé à recueillir toutes les circonstances de cette aventure, à en faire un précis que je destine à mes amis & dont je pourrai faire dans la suite l'usage qu'eux & moi nous jugerons convenable ; mais j'aime tellement la paix qu'il n'y a que la nécessité ou les plus fortes raisons qui puissent me déterminer à exposer cette querelle aux yeux du public.

Perdidi beneficium. Numquid quæ consecravimus perdidisse nos dicimus ? Inter consecrata beneficium est ; etiamsi malè respondit, benè collocatum. Non est ille qualem speravimus ; simus nos quales fuimus, ei dissimiles.

Seneca de Beneficiis, lib. VII. cap 29.

DÉCLARATION

ADRESSÉE PAR M. D'ALEMBERT AUX ÉDITEURS.

J'AI appris par M. Hume avec la plus grande surprise, que M. Rousseau m'accuse d'être l'Auteur d'une Lettre ironique qui lui a été adressée dans les Papiers Publics, sous le nom du Roi de Prusse. Tout le monde sait, à Paris & à Londres, que cette Lettre est de M. Walpole, qui même ne la désavoue pas. Il convient seulement d'avoir été aidé, pour le style, par une personne qu'il ne nomme point, & qui devroit peut-être se nommer. Pour moi, sur qui les soupçons du Pubic ne sont jamais tombés à cet égard, je ne connois nullement M. Walpole : je ne crois pas même lui avoir jamais parlé, ne l'ayant rencontré qu'une fois dans une maison particulière. Non-seulement je n'ai pas la plus légere part, ni directe ni indirecte, à la Lettre dont il s'agit, mais je puis citer plus de cent personnes, amies & ennemies de M. Rousseau, qui m'ont entendu la désaprouver beaucoup, par la raiſon qu'il ne faut point ſe moc-quer des malheureux, ſur-tout quand ils ne nous ont point fait de mal. D'ailleurs, mon reſpect pour le Roi de Pruſſe, & la reconnoiſſance que je lui dois, pouvoient ce me ſemble, faire ſuppoſer à M. Rouſ-ſeau, que je n'aurois pas voulu abuſer du nom de ce Prince, même pour une plaiſanterie.

J'ajoute que je n'ai jamais été l'ennemi de M. Rouſſeau, ni déclaré ni même ſe-cret, comme il le prétend; & je défie qu'on apporte la moindre preuve que j'aie jamais cherché à lui nuire en quoi que ce puiſſe être. Je pourrois prouver au contraire, par les témoignages les plus reſpectables, que j'ai cherché à l'obli-ger en ce qui a dépendu de moi.

Quant à ma prétendue *correſpondance ſecrette* avec M. Hume, il eſt très-certain que nous n'avons commencé à nous écrire que cinq à ſix mois après ſon dé-part, à l'occaſion de la querelle que M. Rouſſeau lui a ſuſcitée, & dans laquelle il juge à propos de me mêler ſi gratuite-ment.

Je crois devoir cette Déclaration à moi-même, à la vérité, & à la ſituation de M. Rouſſeau: je le plains bien ſincerement de croire si peu à la vertu, & sur-tout à celle de M. Hume.

D'ALEMBERT.

LETTRE DE MONSIEUR DE VOLTAIRE A MONSIEUR HUME.

J'Ai lû, Monsieur, les piéces du Procès que vous avez eu à soutenir par devant le public contre votre ancien protégé. J'avoue que la grande ame de Jean Jacques a mis au jour la noirceur avec laquelle vous l'avez comblé de bienfaits: & c'est envain qu'on a dit que c'est le procès de l'ingratitude contre la bienfaisance.

Je me trouve impliqué dans cette affaire. Le S[r]. Rousseau m'accuse de lui avoir écrit en Angleterre (1) une Lettre dans laquelle je me moque de lui. Il a accusé M. d'Alembert du même crime.

Quand nous ferions coupables au fond de notre cœur, M. d'Alembert & moi, de cette énormité, je vous jure que je ne le suis point de lui avoir écrit. Il y a sept ans que je n'ai eu cet honneur. Je ne connais point la Lettre dont il parle, & je vous jure que si j'avois fait quelque mauvaise plaisanterie sur M. Jean Jacques Rousseau, je ne la désavouerais pas.

Il m'a fait l'honneur de me mettre au nombre de ses ennemis & de ses persécuteurs. Intimément persuadé qu'on doit lui élever une statue, comme il le dit dans la Lettre polie & décente de *Jean Jacques Rousseau Citoyen de Genève, à Christophe de Beaumont Archevêque de Paris*; il pense que la moitié de l'Univers est occupée à dresser cette statue sur son piedestal, & l'autre motié à la renverser.

Non-seulement il m'a cru iconoclaste; mais il s'est imaginé que j'avois conspiré contre lui avec le Conseil de Genève

(1) On trouvera à la suite de ce morceau cette Lettre que M. Rousseau attribue à M. de Voltaire, & qui a été en effet imprimée à Londres sous le nom de ce grand Ecrivain.

pour faire décréter sa propre personne de prise de corps, & ensuite avec le Conseil de Berne pour le faire chasser de la Suisse.

Il a persuadé ces belles choses aux protecteurs qu'il avoit alors à Paris, & il m'a fait passer dans leur esprit pour un homme qui persécutait en lui la sagesse & la modestie. Voici, Monsieur, comment je l'ai persécuté.

Quand je sus qu'il avoit beaucoup d'ennemis à Paris, qu'il aimait comme moi la retraite, & que je présumai qu'il pouvait rendre quelques services à la philosophie, je lui fis proposer par M. Marc Chapuis Citoyen de Genève, dès l'an 1759, une maison de campagne appellée l'*Hermitage*, que je venais d'acheter.

Il fut si touché de mes offres, qu'il m'écrivit ces propres mots :

Monsieur,

» Je ne vous aime point ; vous cor-
» rompez ma République en donnant
» des Spectacles dans votre Château de
» Tournay, &c.

Cette Lettre, de la part d'un homme qui venait de donner à Paris un grave Opéra & une Comédie, n'était cependant pas datée des petites maisons. Je n'y fis point de réponse, comme vous le croyez bien, & je priai M. Tronchin le Médecin de vouloir bien lui envoyer une ordonnance pour cette maladie. M. Tronchin me répondit, que puis qu'il ne pouvait pas me guérir de la manie de faire encore des piéces de théâtre à mon âge, il désespérait de guérir Jean Jacques. Nous restames l'un & l'autte fort malades, chacun de notre côté.

En 1762 le Conseil de Genève entreprit sa cure, & donna une espèce d'ordre de s'assurer de lui pour le mettre dans les remèdes. Jean Jacques décreté à Paris & à Genève, convaincu qu'un corps ne peut être en deux lieux à la fois, s'enfuit dans un troisiéme. Il conclut avec sa prudence ordinaire que j'étais son ennemi mortel, puisque je n'avois pas répondu à sa Lettre obligeante. Il supposa qu'une partie du Conseil Genevois etoit venu dîner chez moi pour conjurer sa perte, & que la minute de son Arrêt avoit été écrite sur ma table à la fin du repas. Il persuada une chose si vraisemblable à quelques-uns de ses concitoyens. Cette accusation devint si sérieuse, que je fus enfin obligé d'écrire au Conseil de Genève une Lettre très-forte dans laquelle je lui dis, que s'il y avoit un feul homme dans ce Corps qui m'eût jamais parlé du moindre deffein contre le S[r]. Rouffeau, je confentois qu'on le regardât comme un fcélérat & moi auffi; & que je déteftois trop les perfécuteurs pour l'être.

Le Confeil me répondit par un Secrétaire d'Etat que je n'avois jamais eu, ni duavoir, ni pu avoir la moindre part, ni directement ni indirectement à la condamnation du S[r]. Jean Jacques.

Les deux Lettres font dans les Archives du Confeil de Genève.

Cependant, M. Rouffeau retiré dans les délicieufes Vallées de Moutier-Travers, ou Môtier-Travers, au Gomté de Neufchatel, n'ayant pas eu depuis un grand nombre d'années le plaifir de communier fous les deux efpèces, demanda inftamment au Prédicant de Moutier-Travers, homme d'un efprit fin & délicat, la confolation d'être admis à la fainte Table; il lui dit que fon intention étoit 1°. *de combattre l'Eglife Romaine*; 2°. *de s'élever contre l'ouvrage infernal de l'Efprit, qui établit évidemmeut le Matérialifme*; 3°. *de foudroyer les nouveaux Philofophes vains & préfomptueux.* Il écrivit & figna cette déclaration; & elle eft encore entre les mains de M. Montmolin Prédicant de Moutier-Travers & de Boveresse.

Dès qu'il eut communié, il se sentit le cœur dilaté ; il *s'attendrit jusqu'aux larmes*. Il le dit au moins dans sa Lettre du du 8 Août 1765.

Il se brouilla bientôt avec le Prédicant & les prêchés de Moutier-Travers & de Boveresse. Les petits garçons & les petites filles lui jettérent des pierres; il s'enfuit sur les terres de Berne ; & ne voulant plus être lapidé, il supplia Messieurs de Berne, *de vouloir bien avoir la bonté de le faire enfermer le reste de ses jours dans quelqu'un de leurs Châteaux, ou tel autre lieu de leur Etat qu'il leur sembleroit bon de choisir*. Sa Lettre est du 20 Octobre 1765.

Depuis Madame la Comtesse de Pinbèche, à qui l'on conseilloit de se faire lier, je ne crois pas qu'il soit venu dans l'esprit de personne de faire une pareille requête. Messieurs de Berne aimérent mieux le chasser que de se charger de son logement.

Le judicieux Jean Jacques ne manqua pas de conclure que c'étoit moi qui le privois de la douce consolation d'être dans une prison perpétuelle, & que même j'avois tant de crédit chez les Prêtres, que je le faisois excommunier par les Chrétiens de Moutier-Travers & de Boveresse.

Ne pensez pas que je plaisante, Monsieur; il écrit dans une Lettre du 24 Juin 1765: *Etre excommunié de la façon de M. de V. m'amusera fort aussi.* Et dans sa Lettre du 23 Mars, il dit: *M. de V. doit avoir écrit à Paris qu'il se fait fort de faire chasser Rousseau de sa nouvelle patrie.*

Le bon de l'affaire est qu'il a réussi à faire croire pendant quelque tems cette folie à quelques personnes; & la vérité est que, si au lieu de la prison qu'il demandoit à Messieurs de Berne, il avoit voulu se réfugier dans la maison de campagne que je lui avois offerte, je lui aurois donné alors cet asyle, où j'aurois eu soin qu'il eût de bons bouillons avec des potions rafraîchissantes; bien persuadé qu'un homme, dans son état, mérite beaucoup plus de compassion que de colere.

Il est vrai qu'à la sagesse toujours conséquente de sa conduite & de ses écrits, il a joint des traits qui ne sont pas d'une bonne ame. J'ignore si vous savez qu'il a écrit des *Lettres de la Montagne*. Il se rend dans la cinquiéme Lettre formellement délateur contre moi; cela n'est pas bien. Un homme qui a communié ſous les deux eſpèces, un Sage à qui on doit élever des ſtatues, ſemble dégrader un peu ſon caractere par une telle manœuvre ; il haſarde ſon ſalut & ſa réputation.

Auſſi la premiere choſe qu'ont faite Meſſieurs les Médiateurs de France, de Zurich & de Berne, a été de déclarer ſolemnellement les *Lettres de la Montagne* un Libelle calomnieux. Il n'y a plus moyen que j'offre une maiſon à Jean Jacques, depuis qu'il a été affiché calomniateur au coin des rues.

Mais en faiſant le métier de délateur & d'homme un peu brouillé avec la vérité, il faut avouer qu'il a toujours conſervé ſon caractere de modeſtie.

Il me fit l'honneur de m'écrire, avant que la Médiation arrivât à Genève, ces propres mots :

MONSIEUR,

» Si vous avez dit que je n'ai pas été
» Secrétaire d'Ambaſſade à Veniſe, vous
» avez menti; & ſi je n'ai pas été Secré-
» taire d'Ambaſſade, & ſi je n'en ai pas
» eu les honneurs, c'eſt moi qui ai menti.

J'ignorois que M. Jean Jacques eût été Secrétaire d'Ambaſſade; je n'en avois jamais dit un ſeul mot, parceque je n'en avois jamais entendu parler.

Je montrai cet agréable Lettre à un homme véridique, fort au fait des affaires étrangeres, curieux & exact. Ces gens-là sont dangéreux pour ceux qui citent au hazard. Il déterra les lettres originales écrites de la main de Jean Jacques, du 9 & du 13 Août 1743 à M. du Theil, premier Commis des affaires étrangeres, alors son protecteur. On y voit ces propres paroles :

» J'ai été deux ans le domestique de
» M. le Comte de Montaigu (Ambassadeur à Venise) ... J'ai mangé son
» pain ... Il m'a chassé honteusement
» de sa maison ... Il m'a menacé de me
» faire jetter par la fenêtre ... & de
» pis, si je restais plus long-tems dans
» Venise ... &c. »

Voilà un Secrétaire d'Ambassade assez peu respecté, & la fierté d'une grande ame peu ménagée. Je lui conseille de faire graver au bas de sa statue les paroles de l'Ambassadeur au Secrétaire d'Ambassade,

Vous voyez, Monsieur que ce pauvre homme n'a jamais pu ni se maintenir sous aucun Maître, ni se conserver aucun ami, attendu qu'il est contre la dignité de son être d'avoir un Maître,

& que l'amitié eſt une foibleſſe dont un Sage doit repouſſer les atteintes.

Vous dites qu'il fait l'Hiſtoire de ſa vie. Elle a été trop utile au monde, & remplie de trop grands événemens, pour qu'il ne rende pas à la poſtérité le ſervice de la publier. Son goût pour la vérité ne lui permettra pas de déguiſer la moindre de ces Anecdotes, pour ſervir à l'éducation des Princes qui voudrons être Menuiſiers comme Emile.

A dire vrai, Monſieur, toutes ces petites miſeres ne méritent pas qu'on s'en occupe deux minutes ; tout cela tombe bientôt dans un éternel oubli. On ne s'en ſoucie pas plus que des baiſers âcres de la nouvelle Héloïſe, & de ſon faux germe, & de ſon doux ami, des Lettres de Vernet à un Lord qu'il n'a jamais vu. Les folies de Jean Jacques & ſon ridicule orgueil ne feront nul tort à la véritable Philoſophie ; & les hommes reſpectables qui la cultivent en France, en Angleterre & en Allemagne, n'en ſeront pas moins eſtimés.

Il y a des ſottiſes & des querelles dans toutes les conditions de la vie. Cela s'oublie au bout dequinze jours. Tout paſſe rapidement comme les figures groteſques de la Lanterne Magique.

L'Archevêque de Novogorod à la tête d'un Synode, a condamné l'Evêque de Rostou à être dégradé & enfermé le reste de sa vie dans un Couvent, pour avoir soutenu qu'il y a deux Puissances, la Sacerdotale & la Royale. L'Impératrice a fait grace du Couvent à l'Evêque de Rostou. A peine cet événement a-t'il été connu en Allemagne & dans le reste de l'Europe.

Les détails des guerres les plus sanglantes périssent avec les soldats qui en ont été les victimes. Les critiques mêmes des Pieces de Théâtre nouvelles, & sur-tout leurs éloges, sont ensevelis le lendemain dans le néant avec elles, & avec les feuilles périodiques qui en parlent. Il n'y a que les dragées du sieur Keyser qui se soient un peu soutenues.

Dans ce torrent immense qui nous emporte, & qui nous engloutit tous, qu'y a-t'il à faire ? Tenons-nous-en au conseil que M. Horace Walpole donne à Jean Jacques, d'être sage & heureux. Vous êtes l'un Monsieur, & vous méritez d'être l'autre, &c.

A Ferney, ce 24 Octobre 1766.

LETTRE
DE
M. DE VOLTAIRE

Au Docteur Jean Jacques Panſophe.

QUOIQUE vous en diſiez, Docteur Panſophe, je ne ſuis certainement pas la cauſe de vos malheurs; j'en ſuis affligé, & vos Livres ne méritent pas de faire tant de ſcandale & tant de bruit: mais cependant ne devenez pas Calomniateur; ce ſeroit-là le plus grand mal. J'ai lu dans le dernier Ouvrage que vous avez mis en lumiere, une belle proſopopée, où vous faites entendre, en plaiſantant mal-à-propos, que je ne crois pas en Dieu. Le reproche eſt auſſi étonnant que votre génie. Le Jéſuite Garaſſe, le Jéſuite Hardouin & d'autres Menteurs publics trouvoient par-tout des Athées; mais le Jéſuite Garaſſe, le Jéſuite Hardouin, ne ſont pas bons à imiter. Docteur Panſophe, je ne ſuis Athée ni dans mon cœur ni dans mes livres; les honnêtes gens qui nous connoissent l'un & l'autre disent en voyant votre article: *Hélas! le Docteur Pansophe est méchant comme les autres hommes; c'est bien dommage.*

Judicieux admirateur de la bêtise & de la brutalité des Sauvages, vous avez crié contre les Sciences & cultivé les Sciences. Vous avez traité les Auteurs & les Philosophes de Charlatans; & pour prouver d'exemple, vous avez été Auteur. Vous avez écrit contre la Comédie, avec la dévotion d'un Capucin, & vous avez fait de méchantes Comédies. Vous avez regardé comme une chose abominable qu'un Satrape ou un Duc eût du superflu, & vous avez copié de la Musique, pour des Satrapes ou des Ducs qui vous payoient evec ce superflu. Vous avez barbouillé un Roman ennuyeux, où un Pédagogue suborne honnêtement sa pupille en lui enseignant la vertu; & la fille modeste couche honnêtement avec le Pédagogue; & elle souhaite de tout son cœur qu'il lui fasse un enfant; & elle parle toujours de sagesse avec son *doux Ami;* & elle devient femme, mere & la plus tendre amie d'un époux qu'elle n'aime pourtant pas; & elle vit & meurt en raisonnant, mais ſans vouloir prier Dieu. Docteur Panſophe, vous vous êtes fait le Précepteur d'un certain Emile, que vous formez inſenſiblement par des moyens impraticables; & pour faire un bon Chrétien, vous détruiſez la Religion Chrétienne. Vous profeſſez par-tout un ſincere attachement à la révélation, en prêchant le Déiſme, ce qui n'empêche pas que chez vous les Déiſtes & les Philoſophes conſéquens ne ſoient des Athées J'admire, comme je le dois, tant de candeur & de juſteſſe d'eſprit, mais permettez-moi de grace de croire en Dieu. Vous pouvez être un Sophiſte, un mauvais raiſonneur, & par conſéquent un Ecrivain pour le moins inutile, ſans que je ſois un Athée. L'Être Souverain nous jugera tous deux; attendons humblement ſon Arrêt. Il me ſemble que j'ai fait de mon mieux pour ſoutenir la cauſe de Dieu & de la Vertu, mais avec moins de bile & d'emportement que vous. Ne craignez-vous pas que vos inutiles calomnies contre les Philoſophes & contre moi, ne vous rendent déſagréable aux yeux de l'Etre Suprême, comme vous l'êtes déja aux yeux des hommes?

Vos *Lettres de la Montagne* ſont pleines de fiel; cela n'eſt pas bien, Jean Jacques.

Si votre Patrie vous a profcrit injuftement il ne faut pas la maudire ni la troubler. Vous avez certes raifon de dire que vous n'êtes point Philofophe. Le fage Philofophe Socrate but la cigüe en filence : il ne fit pas de libelles contre l'Aréopage ni même contre le Prêtre Anitus, fon ennemi déclaré ; fa bouche vertueufe ne fe fouilla pas par des imprécations ; il mourut avec toute fa gloire & fa patience ; mais vous n'êtes pas un Socrate ni un Philofophe.

Docteur Panfophe, permettez qu'on vous donne ici trois leçons, que la Philofophie vous auroit apprifes : une leçon de bonne foi ; une leçon de bon fens, & une leçon de modeftie.

Pourquoi dites-vous que le bon homme fi mal nommé *Grégoire le Grand*, quoiqu'il foit un faint, étoit un *Pape illuftre*, parcequ'il étoit bête & intrigant ? J'ai vu conftamment dans l'Hiftoire, que la bêtife & l'ignorance n'ont jamais fait de bien, mais au contraire toujours beaucoup de mal. Grégoire même bénit & loua les crimes de Phocas, qui avoit affaffiné & détrôné fon Maître, l'infortuné Maurice. Il bénit & loua les crimes de Brunehaut, qui eft la honte de l'Hiftoire de France. Si les Arts & les Sciences n'ont pas abſolument rendu les hommes meilleurs; du moins ils ſont méchans avec plus de diſcrétion ; & quand ils font le mal, ils cherchent des prétextes, ils temporiſent, ils ſe contiennent ; on peut les prévenir, & les grands crimes ſont rares. Il y a dix ſiecles que vous auriez été non-ſeulement excommunié avec les chenilles, les ſanterelles & les ſorciers, mais brûlé ou pendu, ainſi que quantité d'honnêtes gens qui cultivent aujourd'hui les Lettres en paix, & avouez que le tems préſent vaut mieux. C'eſt à la Philoſophie que vous devez votre ſalut, & vous l'aſſaſſinez : mettez-vous à genoux, ingrat, & pleurez ſur votre folie. Nous ne ſommes plus eſclaves de ces tyrans ſpirituels & temporels qui déſoloient toute l'Europe; la vie eſt plus douce, les mœurs plus humaines, & les Etats plus tranquilles.

Vous parlez, Docteur Panſophe, de la vertu des ſauvages : il me ſemble pourtant qu'il ſont *magis extrà vitia quàm cum virtutibus*. Leur vertu eſt négative ; elle conſiſte à n'avoir ni bons Cuiſiniers, ni bons Muſiciens, ni beaux meubles, ni luxe, &c. La vertu, voyez-vous, ſuppoſe des lumieres, des réflexions, de la philoſophie, quoique, ſelon vous,

tout

tout homme qui réfléchit soit un animal dépravé ; d'où il s'ensuivrait en bonne logique que la vertu est impossible. Un ignorant, un sot complet, n'est pas plus susceptible de vertu qu'un cheval ou qu'un singe ; vous n'avez certes jamais vu cheval vertueux, ni singe vertueux. Quoique maître Aliboron tiennne que votre prose est une prose *brûlante*, le public se plaint que vous n'avez jamais fait un bon sillogisme. Ecoutez Docteur Pansophe ; la bonne Xantippe grondoit sans cesse & vigoureusement contre la philosophie & la raison de Socrate ; mais la bonne Xantippe était une folle, comme tout le monde sait. Corrigez-vous.

Illustre Pansophe ! La rage de blâmer vos contemporains vous fait louer à leurs dépens des sauvages anciens & modernes sur des choses qui ne sont point du tout louables.

Pourquoi, s'il vous plaît, faites-vous dire à Fabricius, que *le seul talent digne de Rome est de conquérir la terre*, puisque les conquêtes des Romains, & les conquêtes en général sont des crimes, & que vous blâmez si fortement ces crimes dans votre plan ridicule d'une paix perpétuelle. Il n'y a certainement pas de vertu à *conquérir la terre*. Pourquoi, s'il vous plaît, faites-vous dire à Curius, comme une maxime respectable, *qu'il aimait mieux commander à ceux qui avoient de l'or, que d'avoir de l'or?* C'est une chose en elle-même indifférente d'avoir de l'or; mais c'est un crime de vouloir, comme Curius, commander injustement à ceux qui en ont. Vous n'avez pas senti tout cela, Docteur Pansophe, parceque vous aimez mieux faire de bonne prose que de bons raisonnemens. Repentez-vous de cette mauvaise morale, & apprenez la logique.

Mon ami Jean Jacques, ayez de la bonne foi. Vous qui attaquez ma religion, dites-moi, je vous prie, quelle est la votre. Vous vous donnez avec votre modestie ordinaire pour le restaurateur du Christianisme en Europe; vous dites que *la religion décréditée en tout lieu avoit perdu son ascendant jusques sur le peuple &c.* Vous avez en effet décrié les miracles de Jesus, comme l'Abbé de Prades, pour relever le crédit de la religion. Vous avez dit que l'on ne pouvoit s'empêcher de croire l'Evangile de Jesus, parcequ'il étoit incroyable; ainsi Tertullien disoit hardiment, qu'il étoit sûr que le fils de Dieu étoit mort, parceque cela étoit impossible: *Mortuus est Dei Filius; hoc certum est quia impossibile.* Ainsi par un raisonnement similaire, un géométre pourroit dire, qu'il est évident que les trois angles d'un triangle ne sont pas égaux à deux droits, parcequ'il est évident qu'ils le sont. Mon ami Jean Jacques, apprenez la logique, & ne prenez pas, comme Alcibiade, les hommes pour autant de têtes de choux.

C'est sans contredit un fort grand malheur de ne pas croire à la religion Chrétienne, qui est la seule vraie entre mille autres qui prétendent aussi l'être : toutefois celui qui a ce malheur peut & doit croire en Dieu. Les fanatiques, les bonne femmes, les enfans & le Docteur Pansophe ne mettent point de distinction entre l'Athée & le Déiste. O Jean Jacques! vous avez tant promis à Dieu & à la vérité de ne pas mentir; pourquoi mentez-vous contre votre conscience? Vous êtes, à ce que vous dites, *le seul auteur de votre siécle & de plusieurs autres, qui ait écrit de bonne foi.* Vous avez écrit sans doute de bonne foi que *la Loi Chrétienne est, au fond, plus nuisible qu'utile à la forte constitution d'un Etat*; que *les vrais Chrétiens sont faits pour êtres esclaves & sont lâches*; qu'il ne faut pas apprendre le Catéchisme aux enfants, parcequ'ils n'ont pas l'esprit de croire en Dieu, &c. Demandez à tout le monde si ce n'est pas le Déïsme tout pur; donc vous êtes Athée ou Chrétien comme les Déïstes, ainsi qu'il vous plaira; car vous êtes un homme inexplicable. Mais encore une fois apprenez la Logique, & ne vous faites plus brûler mal-à-propos. Respectez, comme vous le devez, des honnêtes gens, qui n'ont pas du tout envie d'être Athées, ni mauvais Raisonneurs, ni Calomniateurs. Si tout Citoyen oisif est un fripon, voyez quel titre mérite un Citoyen faussaire, qui est arrogant avec tout le monde, & qui veut être possesseur exclusif de toute la Religion, la vertu & la raison qu'il y a en Europe. *Væ misero! lilia nigra videntur, pallentesque rosæ.* Soyez Chrétien, Jean Jacques; puisque vous vous vantez de l'être à toute force; mais, au nom du bon sens & de la vérité, ne vous croyez par le seul *Maître en Israël.*

Docteur Pansophe, soyez modeste, s'il vous plaît; autre leçon importante. Pourquoi dire à l'Archevêque de Paris que vous êtes *né avec quelques talens?* Vous n'êtes sûrement pas né avec le talent de l'humilité ni de la justesse d'esprit. Pourquoi dire au Public que vous avez refusé l'éducation d'un Prince, & avertir fierement qu'il appartiendra, de ne pas vous faire dorénavant de pareilles propositions ? Je crois que cet avis au Public est plus vain qu'utile : quand même Diogène, une fois connu, diroit aux passans, *achetez votre Maître*, on le laisseroit dans son tonneau avec tout son orgueil & toute sa folie. Pourquoi dire que la mauvaise *profession de Foi* du Vicaire Allobroge *est le meilleur écrit qui ait paru dans ce siecle ?* Vous mentez fierement, Jean Jacques : un bon Ecrit est celui qui éclaire les hommes & les confirme dans le bien ; & un mauvais écrit est celui qui épaissit le nuage qui leur cache la vérité, qui les plonge dans de nouveaux doutes, & les laisse sans principes. Pourquoi répeter continuellement avec une arrogance sans exemple, que vous bravez vos *sots Lecteurs* & le *sot Public ?* Le Public n'est pas sot ; il brave à son tour la démence qui vit & médit à ses dépens. Pourquoi, ô Docteur Pansophe ! dites-vous bonnement ? *Qu'un Etat sensé auroit élevé des Statues à l'Auteur d'Emile ?* C'est que l'Auteur d'Emile est comme un enfant, qui, après avoir soufflé des boules de savon, ou fait des ronds en crachant dans un puits, se regarde comme un Etre très-important. Au reste, Docteur, si on ne vous a pas élevé de statues on vous a gravé ; tout le monde peut contempler votre viſage & votre gloire au coin des rues. Il me ſemble que c'en eſt bien aſſez pour un homme qui ne veut pas être philoſophe, & qui en effet ne l'eſt pas. *Quàm pulchrum eſt digito monſtrari, & dicier, hic eſt !* Pourquoi mon ami Jean Jacques vante-t-il à tout propos ſa vertu, ſon mérite & ſes talens ? C'eſt que l'orgueil de l'homme peut devenir auſſi fort que la boſſe des chameaux de l'Idumée, ou que la peau des Onagres du déſert. Jeſus diſoit qu'il étoit *doux & humble de cœur :* Jean Jacques, qui prétend être ſon écolier, mais un écolier mutin qui chicane ſouvent avec ſon maître, n'eſt ni doux ni humble de cœur. Mais ce ne ſont pas-là mes affaires. Il pourroit cependant apprendre que le vrai mérite ne conſiſte pas à être ſingulier, mais à être raiſonnable. L'Allemand Corneille Agrippa a abboyé long-tems avant lui contre les ſciences & les ſavans ; malgré cela il n'étoit point du tout un grand homme.

Docteur Panſophe, on m'a dit que vous vouliez aller en Angleterre. C'eſt le pays des belles femmes & des bons Philoſophes. Ces belles femmes & ces bons philoſohes ſeront peut-être curieux ed vous voir,& vous vous ferez voir.Les Gazetiers tiendront un regiſtre exact de tous vos faits & gestes, & parleront du grand Jean Jacques, comme de l'éléphant du Roi & du zébre de la Reine; car les Anglois s'amusent des productions rares de toutes especes, quoiqu'il soit rare qu'ils estiment. On vous montrera au doit à la Comédie, si vous y allez; & on dira, le voilà cet éminent génie, qui nous reproche de n'avoir pas un *bon naturel*, & qui dit que les sujets de Sa Majesté ne sont pas libres! C'est-là ce Prophete du lac de Geneve, qui a prédit au verset 45e. de son Apocalypse nos malheurs & notre ruine, parceque nous sommes riches. On vous examinera avec surprise depuis les pieds jusqu'à la tête, en réfléchissant sur la folie humaine. Les Angloises, qui sont, vous dis-je, très-belles, riront lorsqu'on leur dira que vous voulez que les femmes ne soient que des femmes, des femelles d'animaux, qu'elles s'occupent uniquement du soin de faire la cuisine pour leurs maris, de raccommoder leurs chemises, & de leur donner, dans le sein d'une vertueuse ignorance, du plaisir & des enfans. La belle & spirituelle Duchesse d'A . . . . r, Myladis de . . . de . . . de . . . leveront les épaules, & les hommes vous oublieront en admirant leur visage & leur esprit. L'ingénieux Lord W . . . e, le ſavant Lord L . . . n, les Philoſophes Mylord C . . . d, le Duc de G . . . n, Sir F-x, Sir C . . . d, & tant d'autres, jetteront peut-être un coup d'œil ſur vous, & iront de-là travailler au bien public ou cultiver les belles-lettres, loin du bruit & du peuple, ſans être pour cela des animaux dépravés. Voilà, mon ami Jean Jacques, ce que j'ai lu dans le grand livre du deſtin; mais vous en ſerez quitte pour mépriſer ſouverainement les Anglois, comme vous avez mépriſé les François, & votre mauvaiſe humeur les fera rire. Il y auroit cependant un parti à prendre pour ſoutenir votre crédit, & vous faire, peut-être, à la longue élever des ſtatues: ce ſeroit de fonder une Egliſe de votre religion, que perſonne ne comprend; mais ce n'eſt pas-là une Affaire. Au lieu de prouver votre miſſion par des miracles, qui vous déplaiſent, ou par la raiſon que vous ne connoiſſez pas, vous en appellerez au ſentiment intérieur, à cette voix divine qui parle ſi haut dans le cœur des illuminés, & que perſonne n'entend. Vous deviendrez puiſſant en œuvres & en paroles comme George Fox, le Révérend Whitfield, &c. ſans avoir à craindre l'animadverſion de la Police, car les Anglais ne puniſſent point ces folies-là. Après avoir prêché & exhorté vos disciples, dans votre style apocalyptique, vous les menerez brouter l'herbe dans Hyde Park, ou manger du gland dans la forêt de windsor, en leur recommandant toutefois de ne par se battre comme les autres Sauvages, pour une pomme ou une racine, parceque la Police *corrompue* des Européens ne vous permet pas de suivre votre systême dans toute son étendue. Enfin lorsque vous aurez consommé ce grand ouvrage, & que vous sentirez les approches de la mort, vous vous traînerez à quatre pattes dans l'assemblée des bêtes, & vous leur tiendrez, ô Jean Jacques : le langage suivant.

» Au nom de la sainte vertu. *Amen*. Comme ainsi soit, mes Freres, qne j'ai travaillé sans relâche à vous rendre sots & ignorans, je meurs avec la consolation d'avoir réussi, & de n'avoir point jetté mes paroles en l'air. Vous savez que j'ai établi des cabarets pour y noyer votre raison, mais point d'Académie pour la cultiver ; car encore une fois, un ivrogne vaut mieux que tous les Philosophes de l'Europe. N'oubliez jamais mon histoire du Régiment de St. Gervais dont tous les Officiers & les soldats ivres dansoient avec édification dans la place publique de Genève, comme un ſaint Roi juif danſa autrefois devant l'Arche. Voila les honnêtes gens. Le vin & l'ignorance ſont le ſommaire de toute la ſageſſe. *Les hommes ſobres ſont foux :* les ivrognes ſont francs & vertueux. Mais je crains ce qui peut arriver ; c'eſt-à-dire, que la ſcience, cette mere de tous les crimes & de tous les vices, ne ſe gliſſe parmi vous : L'ennemi rôde autour de vous ; il a la ſubtilité du ſerpent & la force du lion ; il vous menace. Peut-être, hélas ! bientôt le luxe, les arts, la philoſophie, la bonne chere, les auteurs, les perruquiers, les prêtres & les marchandes de mode vous empoiſonneront & ruineront mon ouvrage. O ſainte vertu ! détourne tous ces maux. Mes petits enfans, obſtinez-vous dans votre ignorance & votre ſimplicité ; c'eſt-à-dire, ſoyez toujours vertueux, car c'eſt la même choſe. Soyez attentifs à mes paroles : que ceux qui ont des oreilles entendent. Les mondains vous ont dit : *Nos inſtitutions ſont bonnes ; elles nous rendent heureux :* & moi je vous dis que leurs inſtitutions ſont abominables & les rendent malheureux. Le vrai bonheur de l'homme eſt de vivre ſeul ; de manger des fruits ſauvages, de dormir ſur la terre nue ou dans le creux d'un arbre, & de ne jamais penser. Les mondains vous ont dit: *Nous ne sommes pas des bêtes féroces, nous faisons du bien à nos semblables; nous punissons les vices, & nous nous aimons les uns & les autres:* & moi je vous dis que tous les Européens sont des bêtes féroces ou des fripons; que toute l'Europe ne sera bientôt qu'un affreux désert; que les mondains ne font du bien que pour faire du mal; qu'ils se haissent tous & qu'ils récompensent le vice. *O sainte vertu!* Les mondains vous ont dit: *Vous êtes des fous; l'homme est fait pour vivre en société, & non pour manger du gland dans les bois:* & moi je vous dis que vous êtes les seuls sages, & qu'ils sont fous & méchans: l'homme n'est pas plus fait pour la société, qui est l'école du crime, que pour aller voler sur les grands chemins. O mes petits enfans, restez dans les bois, c'est la place de l'homme: *ô sainte vertu!* Emile, mon premier disciple, est selon mon cœur; il me succédra. je lui ai appris à lire, & à écrire, & à parler beaucoup; c'en est assez pour vous gouverner. Il vous lira quelquefois la Bible, l'exellente histoire de Robinson Crusoé, & mes ouvrages; il n'y a que cela de bon. La religion que je vous ai donnée est fort simple! Adorez un Dieu; mais ne parlez pas de lui à vos enfans; attendez qu'ils devinent d'eux-mêmes qu'il y en a un. Fuyez les médecins des ames comme ceux des corps; ce sont des charlatans: quand l'ame est malade, il n'y a point de guérison à espérer, parce que j'ai dit clairement que le retour à la vertu est impossible: cependant les Homélies éloquentes ne sont pas inutiles ; il est bon de désespérer les méchans, & de les faire sécher de honte & de douleur en leur montrant la beauté de la vertu, qu'ils ne peuvent plus aimer. J'ai cependant dit le contraire dans d'autres endroits ; mais cela n'est rien. Mes petits enfans, je vous répéte encore ma grande leçon : bannissez d'entre vous la raison & la Philosophie, comme elles sont bannies de mes livres. Soyez machinalement vertueux ; ne pensez jamais, ou que très-rarement, raprochez-vous sans cesse de l'état des bêtes qui est votre état naturel. A ces causes, je vous recommande la *sainte vertu*. A dieu, mes petits enfans ; je meurs. Que Dieu vous soit en aide ! *Amen.*

Docteur Pansophe, écoutez à présent ma profession de foi ; vous l'avez rendue nécessaire : la voici telle que je l'offrirois hardiment au public, qui est mon juge & le votre.

J'adore un Dieu créateur, intelligent, vengeur & rémunérateur ; je l'aime, & le sers le mieux que je puis dans les hommes mes semblables & ses enfans : O Dieu ! qui vois mon cœur & ma raison, pardonne-moi mes offenses, comme je pardonne celles de Jean Jacques Pansophe, & fais que je t'honore toujours dans mes semblables.

Pour le reste, je crois qu'il fait jour en plein midi, & que les aveugles ne s'en apperçoivent point. Sur ce, grand Pansophe, je prie Dieu qu'il vous ait en sa sainte garde, & suis philosophiquement votre ami & serviteur.

V * * *.

FIN.

www.ingramcontent.com/pod-product-compliance
Ingram Content Group UK Ltd.
Pitfield, Milton Keynes, MK11 3LW, UK
UKHW031915260826
14628UKWH00003B/1207

9 782019 127220